© 2013 by : TRANSIT Buchverlag
Postfach 12 11 11 | 10605 Berlin
www.transit-verlag.de

Umschlaggestaltung und Layout:
Gudrun Fröba
Druck und Bindung:
Pustet, Regensburg
ISBN 978 3 88747 286 3

Carl-Peter Steinmann

Sonntagsspaziergänge 2

Entdeckungen in Charlottenburg
Friedrichshain
Gesundbrunnen
Grunewald
Karlshorst
Prenzlauer Berg

: TRANSIT

Inhalt

7 **Gesundbrunnen: An der Plumpe**
Über die Millionenbrücke zum Gesundbrunnen

33 **Friedrichshain leuchtet**
Spurensuche in der »Lampenstadt und im Osthafen

51 **Prenzlauer Berg: Wasser, Bier, Wein und kleine Brötchen**
Eine Besteigung

75 **Charlottenburg: Ein Hauch von Bohème**
Zwischen Fasanenstraße und Savignyplatz

100 **Wilder Westen im Grunewald**
Tausche Ku'damm gegen Villenkolonie

123 **Karlshorst: Entdeckungen im »Dahlem des Ostens«**
Volksbeglücker, Mörder und verschwundene Berge

141 Literaturquellen
144 Bildquellen
144 Über den Autor

Gesundbrunnen

An der Plumpe – Zwischen Atlantic und Luisenbad
Über die Millionenbrücke zum Gesundbrunnen

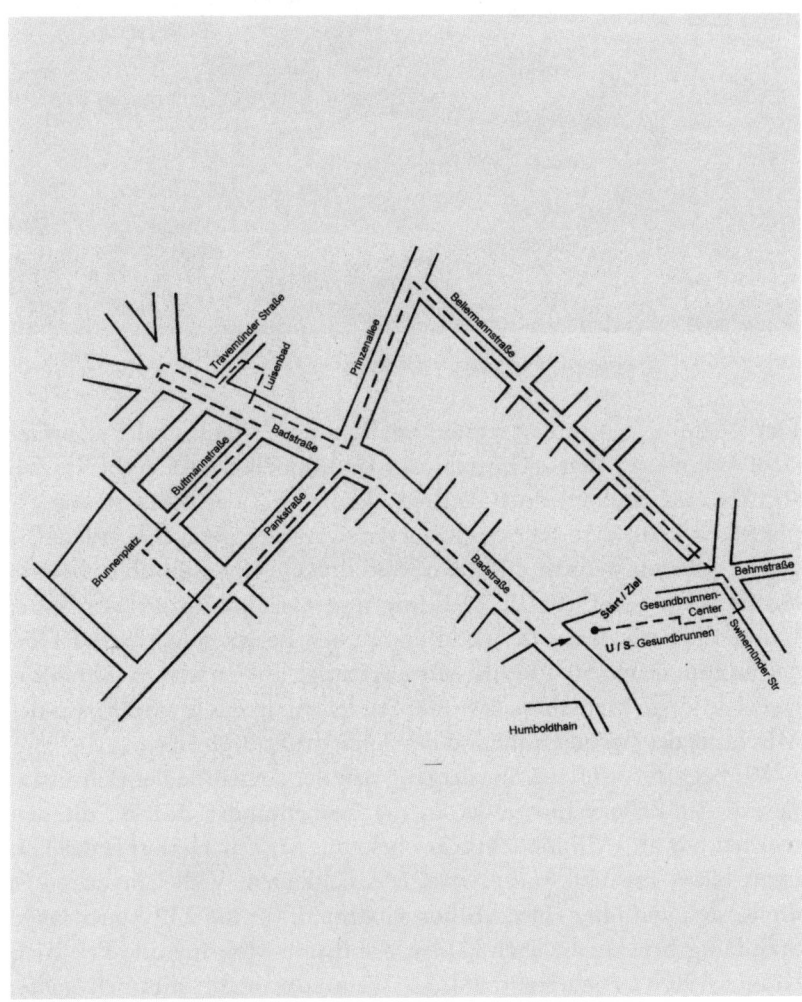

Ausgangspunkt und Endpunkt:
S/U-Bhf. Gesundbrunnen, Hanne-Sobeck-Platz

Swinemünder Brücke vom Bahnhof Gesundbrunnen aus, 1906. Foto: Hermann Rückwardt

Der Wedding hat in den letzten Jahrzehnten immer wieder sein Gesicht verändert. War er einmal ein traditioneller Arbeiterbezirk, so stimmt das heute nur noch bedingt, da die Zahl der Industriearbeitsplätze seit 1961, dem Jahr des Mauerbaus, immer weniger wurden. Bis zur Verwaltungsreform 2001 war Wedding ein eigenständiger Bezirk, der die heutigen Ortsteile Wedding und Gesundbrunnen umfasste. Durch die Reform wurde Wedding mit den Bezirken Mitte und Tiergarten zum neuen Stadtbezirk Mitte vereinigt. In den letzten Jahren zogen viele junge Menschen, darunter Studenten, in das Quartier, was der Mischung der Bevölkerung und der Altersstruktur gut tut.

Wir beginnen unseren Spaziergang nah der Kreuzung der Behmstraße mit der Bellermannstraße, an der Swinemünder Brücke, die den meisten nur als »Millionenbrücke« bekannt ist. Zur Herkunft des Namens bietet der Volksmund zwei Möglichkeiten. Vielleicht waren es die Kosten von über einer Million Goldmark für die 230 Meter lange Stahlhängebrücke, die nach Plänen von Bruno Möhring und Friedrich Krause 1905 fertiggestellt wurde. Wenn das nicht stimmen sollte, bleibt als Begründung nur die Anzahl der vielen Nieten, die das Bauwerk zusammenhält. Sie erinnern gleichzeitig an einen Beruf, den es heute nicht mehr gibt, den Nieter. Drei Männer arbeiteten dabei immer in einer Kolonne zusammen. In einem Schmiedefeuer wurden die Nieten erwärmt. Waren sie rotglühend kamen sie in einen Henkelbecher aus Metall. Mit Schwung wurden sie aus dem Becher nach oben geschleudert, wo ein zweiter Arbeiter sie wiederum mit einem Becher auffing, um sie nun mittels einer Zange in die vorgesehene Öffnung zu praktizieren. Von der anderen Seite wurde abschließend mit einem sogenannten Niethammer der halbrunde Kopf geschmiedet. Mehrere Teams arbeiteten hier im Akkord, wobei die glühenden Nieten nur so durch die Luft flogen und ab und an auch zu schwerwiegenden Verbrennungen bei den Arbeitern führten.

Am anderen Ende der Brücke im Bereich der Ramlerstraße erstreckt sich ein Neubaugebiet, das in den siebziger Jahren zu den größten innerstädtischen Sanierungsgebieten Europas gehörte. Das war noch die Zeit der »Kahlschlag-Sanierung«, die viel zu lange von den Regionalpolitikern favorisiert wurde. Die Neubauten nah den Gleisen wurden, um ein »Abrutschen« durch Erschütterungen zu verhindern, zum Teil auf Stahlfedern, also erdbebensicher gebaut.

Ich denke jetzt so oft, wie icke
In bester Sonntagsjarnitur –
Von innen und von außen schnieke –
Zum Fußball an die Plumpe fuhr…

So beginnt das Gedicht eines fußballbegeisterten Frontsoldaten. Auf der gegenüberliegenden Straßenseite der Swinemünder Straße erinnert eine Skulptur daran, dass sich hier seit 1924 das Stadion an der »Plumpe« befand. »Plumpe«: das war für den Berliner eine Bezeichnung für Wasserpumpen im Allgemeinen und für Gesundbrunnen im Speziellen. Bis 1963 spielten die Fußballer von Hertha BSC hier, um dann zum ersten Spieltag der neugegründeten Bundesliga, am 24. August 1963, erstmals im Olympiastadion den Ball zu kicken, da der »Plumpe-Platz« nicht mehr die geforderten Voraussetzungen der Liga erfüllte. An diesem Tag spielte Hertha gegen den 1. FC Nürnberg. Mit dabei auf Berliner Seite ein junger auffälliger Spieler: Otto Rehhagel. Am Ende erreichte Hertha BSC bei der Premiere durch einen verwandelten Handelfmeter ein verdientes 1:1.

Ick bin am Wedding jroß jeworden
Und war in Hertha schon verknallt
Als unsre Meisterelf im Norden
Der Hauptstadt für unschlagbar jalt…

1974 wurde der Fußballplatz verkauft und bebaut. Die Erinnerung wird wach gehalten durch die Skulptur des Bildhauers Michael Schoenholtz mit dem Titel »Fußballer und Fußball«. Nah der Kreuzung der Behm- und Jülicher Straße verkam jahrzehntelang der Bau des damaligen Vereinslokals, wo einst die Siege von Hertha gefeiert und die Niederlagen hinuntergespült wurden. Es war schon von Abriss die Rede, aber 2011 wurde dann doch mit der Restaurierung des Gebäudes begonnen. Über die spätere Nutzung des Baus war noch nichts zu vernehmen. Auch der Platz vor dem U- und S-Bahnhof Gesundbrunnen erinnert an die Vereinsgeschichte des Clubs. Seit einigen Jahren trägt er den Namen Hanne-Sobeck-Platz. Nichtfußballfreunden sei gesagt, dass es sich bei dem 1989 verstorbenen Namensgeber um einen Spieler von Hertha BSC handelt, der mit seiner Mannschaft sechs Mal hintereinander das Finale um die deutsche Meisterschaft erreichte.

Der Plumpe halte ick die Treue,
Sojar hier draußen an der Front.
Und ihr jlobt nich, wie ick mir freue,
Daß diese Zeit mal wiederkommt!

Nach Überqueren der Behmstraße beginnen wir unseren Weg durch die Bellermannstraße. An der linken Ecke entstand in den zwanziger Jahren ein wahrer Kinopalast, der den Namen verdiente. Die Lichtburg war mit 1900 Plätzen eines der eindrucksvollsten Kinos der Stadt. Der futuristische Bau war ausgestattet mit einem hohen Turm, von dem mehrere Scheinwerfer in der Dunkelheit in den Himmel strahlten. Die Lichtburg war aber nicht nur ein Kino. Im Gebäude waren auch Restaurants, Bars und Tanzsäle untergebracht. Pächter der Lichtburg war Karl Wolffsohn, ein Kino-Enthusiast, der auch die Zeitschrift »Lichtbildbühne« herausgab. Als ihm 1936 wegen seiner jüdischen Herkunft der Pachtvertrag gekündigt werden sollte, kaufte er mit Hilfe eines amerikanischen Investors die Gartenstadt Atlantic AG, zu der auch die Lichtburg gehörte. Ein gewagtes Unternehmen, da einige Zeit später die Nazis nun die gesamte AG »arisierten«. Karl Wolffsohn wanderte nach Israel aus. Nach dem Krieg gelang es ihm, nach langjährigem Rechtsstreit seinen Besitz wieder zu erlangen, aber von der Lichtburg war nur der Mythos geblieben – der Bau wurde 1969 abgerissen.

Hinter dem Kino war zwischen 1925 und 1928 nach Plänen des Architekten Rudolf Fränkel die Gartenstadt Atlantic entstanden. Die Siedlung besteht aus 49 Häusern und wird begrenzt durch die Bellermannstraße, Behmstraße, Zingster Straße und die Heidebrinker Straße. Der Entwurf der Gartenstadt orientierte sich an dem lebensreformerischen Modell, das der Brite Ebenezer Howard entwickelt hatte. Im damals überbevölkerten Wedding, in dem vor dem Ersten Weltkrieg 340.000 Menschen unter katastrophalen Wohnbedingungen lebten (heute 164.000), sollte diese »Gartenstadt« guten, aber trotzdem bezahlbaren, Wohnraum bieten. Licht, Luft und Sonne sowie ein Ausblick in begrünte Innenhöfe bieten bis heute gute Wohnqualität.

Vor einigen Jahren wurde die gesamte Siedlung mit ihren 500 Wohnungen saniert und modernisiert und das so sensibel, dass auch der

Behmstraße mit Hotel Lichtburg und Corso-Theater, rechts: S-Bahnhof Gesundbrunnen, 1953

Denkmalschutz weitgehend berücksichtigt wurde. 2005 waren alle Arbeiten abgeschlossen und die Gartenstadt Atlantic erstrahlte nach dem ursprünglichen Farbkonzept im neuen Glanz. Waren die Mieter anfangs sehr skeptisch und befürchteten starke Mietsteigerungen nach der Modernisierung, blieb der Anstieg doch hinter den Erwartungen zurück und nur ein geringer Teil der Mieter verließ die Gartenstadt. Die Eigentümer gründeten die »Lichtburg-Stiftung«, die seither als deutsch-türkisch-jüdisches Integrationsprojekt interkulturelle Arbeit im Kiez leistet. Im neu eingerichteten »Lichtburg-Forum« organisiert die Stiftung ein Kulturprogramm, das sich in erster Linie an die Bewohner des Viertels richtet.

Die Straße, der wir nun folgen, ist nach Christian Friedrich Bellermann (1793-1863) benannt, einem durchsetzungsfähigen Kirchenmann, der als erster Pfarrer der 1835 eingeweihten St. Paulskirche, die »rauen« Weddinger zu etwas mehr Moral und Gottesfurcht erziehen sollte. Auch sein Vater, sowie Bruder und Neffe bemühten sich lebenslang als Direktoren des Gymnasiums Zum Grauen Kloster um die Erziehung und Besserung der nachwachsenden Berliner.

In der Stettiner Straße sind noch einige Häuser aus frühindustrieller Zeit zu finden. Nummer 53, 1863 gebaut für den Kaufmann Rosenthal, wurde später zum Kindergarten von St. Paul. Bevor die Einmündung in die Prinzenallee erreicht ist, zeigt sich links eine Pumpstation der Berliner Wasserwerke. Mit der Einweihung 1893 war Gesundbrunnen an die Kanalisation angeschlossen. Dies war Anlass ein großes Fest zu feiern aber – und so ist es häufig – der »Kater« lässt nicht lange auf

»Zur Luhme«, Prinzenallee 79, wurde für den Bau der Groterjan-Brauerei abgerissen

sich warten. Diesbezüglich etwas Geduld; zu den Folgen des Kanalisationsbaus komme ich etwas später.

Gegenüber dem neuen Pumpwerk entstand 1908 in neugotischem Stil das katholische Gotteshaus St. Petrus, das sich unauffällig in die Fassadenfront eingliedert. Entsprechend einer Verordnung, die auf König Friedrich Wilhelm IV. zurückgeht, durften nur protestantische Gotteshäuser frei auf Plätzen stehen. Noch schlichter und erst im Hinterhaus des angrenzenden Wohnhauses zu entdecken, eine vorwiegend von Türken der Nachbarschaft besuchte Moschee.

An der Prinzenallee geht es nach links. Auf der gegenüberliegenden Seite (Nr. 79) fällt ein Gebäude nicht nur durch seine gelbe Klinkerfassade auf. Der Architekt Bruno Buch wählte nur für das Erdgeschoss und die Simse dunkle Klinker und betonte dadurch die Horizontale des Baus. Durch sparsam gesetzte expressive Elemente lockerte er die Fassade wirkungsvoll auf. Im Vorderhaus war bis zu ihrer Stilllegung 1978 die Verwaltung der Groterjan Malzbierbrauerei untergebracht. Bis 1899 hatte Groterjan an der Schönhauser Allee produziert, dann stieg der Raumbedarf und der größte Malzbierhersteller Berlins zog an die Prinzenallee. Der Absatz wuchs in den folgenden Jahren weiter, und so entwarf Bruno Buch zwischen 1928 und 1929 als Erweiterung das neue Verwaltungsgebäude und dahinter eine moderne Flaschen-Abfüllanlage.

Hauptaktionär des Unternehmens war Ignatz Nacher, der 1901 Teilhaber der damals unbedeutenden Brauerei Engelhardt wurde. Ihm ge-

Groterjan-Brauerei, Prinzenallee 75, erbaut: 1928-1929. Architekt: Bruno Buch

lang es durch Pasteurisierung das Engelhardt Bier haltbarer zu machen als die Biere seiner Konkurrenten. Durch diesen Vorteil entwickelte sich Engelhardt zu einer der bedeutendsten Brauereien Deutschlands. Mit dem Gewinn kaufte Nacher weitere Brauereien, darunter auch Groterjan. Mit der Machtübernahme durch die Nationalsozialisten nahte das Ende des erfolgreichen Brauereibesitzers. Die Dresdner Bank, Hausbank von Ignatz Nacher, bereitete seit 1933 intensiv die »Arisierung« vor, die mit Nachers Flucht 1939 in die Schweiz endete. Groterjan kam dann 1941 in Besitz der Familie Oetker.

Zwanzig Jahre später übernahm Schultheiss die Brauerei und produzierte an der Prinzenallee bis 1978. Da Malzbier in den Jahren zuvor durch neue alkoholfreie Getränke immer mehr Marktanteile verloren hatte, wurde der Standort geschlossen und die alten Brauereigebäude abgerissen. Nur Bruno Buchs Bauten, die heute unter Denkmalschutz stehen, blieben erhalten. Vom Hof aus ist der Blick auf die rückwärtige Fassade des Verwaltungsgebäudes sowie die einstige Flaschen-Abfüllanlage möglich.

Nur wenige Schritte weiter (Nr. 83) baute Carl Galuschki, ein Zimmermann mit eigenem Baugeschäft, ein Wohnhaus mit einem Fabrikgebäude im Hinterhaus. Er hat in dem Viertel um den Gesundbrunnen herum einiges gebaut und dabei stets auf solide Qualität geachtet. Zwei weitere Bauten von Galuschki werden wir etwas später noch sehen.

Gegenüber hat die Künstlerin Angelika Zumpe 1981 die Brandmauer eines Schulgebäudes bemalt. Ihr Wandbild, das jetzt etwas eingebaut, aber trotzdem noch zu sehen ist, zeigt eine Staffelei mit Malutensilien sowie einem gerade fertiggestellten Bild, das die Fassade der Schule und die kahle Brandmauer zeigt. Dabei wirkt es so echt, dass es von vielen vorbeieilenden Passanten gar nicht wahrgenommen wird.

Am Wohnhaus Nr. 87 erinnert eine Gedenktafel an eine 1910 gebaute Synagoge im Hinterhaus sowie eine jüdische Volksschule im Vorderhaus. In der Pogromnacht 1938 wurde die Synagoge nicht angezündet, da die Brandgefahr für die Nachbarhäuser zu groß schien. Die Nazis zerstörten aber die gesamte Einrichtung und nutzten die Räume als Bekleidungsdepot für die Wehrmacht.

Bevor wir rechts in die Badstraße einbiegen, sollten wir noch einen Blick auf die historischen Ansichten werfen, die die Fassade des Eckhauses schmücken.

Schön ist diese Ecke wahrlich nicht. Der Verkehrslärm ist nur schwer zu ertragen, und weit und breit ist nichts Schönes zu entdecken. Das stimmt aber nicht ganz – Karl Friedrich Schinkel rettet hier die bauliche Situation. Auf der gegenüberliegenden Straßenseite steht St. Paul, eine von vier Vorstadtkirchen, die Schinkel im Auftrag von König Friedrich Wilhelm III. entwarf.

Vor dem Bau der Kirche hatten es die Gläubigen nicht leicht, da es, wie auch in anderen ehemaligen Landgemeinden von Berlin, keine Kirche gab. Die Gläubigen mussten von Gesundbrunnen bis zur Sophienkirche in der Großen Hamburger Straße laufen; ein weiter Weg. Bei der Einweihung 1835 war das Gotteshaus noch ohne Turm, der wurde erst 1890 durch Max Spitta nachträglich hinzugefügt. Der erste Pfarrer von St. Paul war – wie bereits erwähnt – Christian Friedrich Bellermann, der stets vor vollen Bänken predigte. Fünfzig Jahre später beklagte sich einer seiner Nachfolger über die mangelnde Frömmigkeit und den seltenen Kirchenbesuch der Gemeindemitglieder.

Die Entstehung des U-Bahnhofs Pankstraße bedeutete für die Anwohner der Badstraße einen jahrzehntelangen Kampf. 1902 hatte die Nürnberger »Continentale Gesellschaft für elektrische Unternehmungen« dem Berliner Magistrat den Bau einer Schwebebahn vom Hermannplatz bis zum Bahnhof Gesundbrunnen vorgeschlagen. Vorbild war die gerade eröffnete Wuppertaler Schwebebahn, die als preiswerte Alternative zum Bau einer U-Bahn galt. Die Gesellschaft warb für ihr Projekt mit Fotokollagen, die einen angenehmen Eindruck vermittelten und mit einem günstigen Fahrpreis. Die Stadtpolitiker standen aus optischen Gründen dem Vorhaben ablehnend gegenüber. So wurde 1907 dann im südlichen Teil der Brunnenstraße eine Probestrecke gebaut, die aber die Skeptiker nicht überzeugen konnte.

Als dann ein Angebot der AEG kam, eine U-Bahn von Hermannplatz bis Gesundbrunnen zu bauen, erhielt sie 1912 den Zuschlag. Es folgten Auseinandersetzungen mit den Anwohnern, die einen Weiterbau durch Gesundbrunnen bis zur heutigen Osloer Straße forderten. Da der AEG der Weiterbau in Tunnelbauweise zu teuer war und sich auch der Magistrat nicht an den höheren Baukosten beteiligen wollte, sollte nun als Hochbahnstrecke durch die Bad- und Schwedenstraße weitergebaut werden, was die Anwohner strikt ablehnten. Ein »Ausschuß zur Bekämpfung der Hochbahn im Stadtteil Gesundbrunnen«, wurde von der Lokalzeitung Die Quelle, vielen Vereinen, der Gemeinde von St. Paul sowie dem Bankverein Gesundbrunnen unterstützt. 1914 richteten sie eine entsprechende Petition an die Bahngesellschaft sowie an die zuständigen Behörden.

Der Erste Weltkrieg unterbrach alle Verhandlungen und die bereits begonnenen Bauarbeiten. Auch danach tat sich nicht viel, zumal die AEG Schnellbahn Aktiengesellschaft 1924 Konkurs anmeldete. 1925 wurde das Hochbahnprojekt endgültig zu den Akten gelegt und die »Nord-Südbahn AG« nahm im Auftrag der Stadt Berlin die Arbeit unter der Erde auf. Am 18. April 1930 war die Strecke bis zum U-Bahnhof Gesundbrunnen fertiggestellt. Die Weiterführung über den Bahnhof Pankstraße bis zur Osloer Straße brauchte dann doch noch etwas länger – 47 Jahre – bis zur Einweihung am 5. Oktober 1977.

Unter unseren Füßen, mit Zugang vom U-Bahnhof Pankstraße, befindet sich ein Relikt des »Kalten Krieges« – einer von vier Atombunkern des einstigen West-Berlins, in dem 3400 Personen Schutz vor Verstrahlung finden sollten. Zum Glück wurde der Bunker bisher nicht benötigt, da es doch etwas fragwürdig erscheint, wenn es heißt: »der Zugang durch die Schleusen dauert bei der vorgesehenen Personenanzahl zwei bis vier Stunden«, wobei die Vorwarnzeit vor der Bombe aber nur neun Minuten beträgt.

In der Badstraße (Nr. 33) betreten wir über die Toreinfahrt den Hof und entdecken ein kleines romantisches Hofgebäude, das Galuschki für sich und seine Familie errichtete. Ein Kleinod, das man an der Badstraße nicht vermutet. Angenehm ist auch, dass hier im Hof die Geräusche der Straße erheblich leiser sind. Auch das Vorderhaus stammt von Galuschki. Um es zu betrachten geht es zurück zur Straße. In einer Nische der Durchfahrt sehen wir die Statue einer schönen Frau, die nach wie vor unbeschädigt die Zeit überstanden hat. Nun aber der Blick auf die vordere Fassade – er zeigt uns wie einfach es ist, mit einem grob gezimmerten Vorbau die Wirkung eines Gebäudes zu zerstören.

Wer jemals Monopoly gespielt hat, weiß, dass die Badstraße nicht zu den begehrtesten Adressen gehört. Mit ihr ging es abwechselnd immer rauf und dann wieder runter. Das trifft auch insgesamt für Gesundbrunnen zu. Kaum vorstellbar, dass hier eine Heilquelle mal für mondänen Kurbetrieb sorgte. Danach, in der zweiten Hälfte des 19. Jahrhunderts wurde aus dem Kurbad eine Amüsiermeile der »kleinen« Leute mit vielen Vergnügungsetablissements, einem Rummelplatz und mehreren Volkstheatern. Dann kam die Zeit der Kinos, die nun das Publikum begeisterten. Von Jahr zu Jahr stiegen die Einwohnerzahlen im Wedding. 1855 waren es 7600 Menschen, 1897 schon 116.000. Die brauchten Wohnraum und so entstanden mehrstöckige Wohnhäuser, die die zuvor kleinteilige Bebauung ersetzten. Als 1872 dann Gesundbrunnen an die Ringbahn angeschlossen war, strömten Tausende Berliner an den Wochenenden zum Schwofen an die Badstraße.

Nach einem abschließenden Blick auf den beklagenswerten Zustand der Fassade des Galuschki-Hauses flüchten wir uns in einen weiteren Hof (Nr. 38-39) und befinden uns nach wenigen Schritten in einer »anderen Welt«. Schaukästen im Durchgang zeigen schon etwas von der Geschichte des Ortes, der dem Stadtteil den Namen gab – Gesundbrunnen. Es begann im Jahr 1751, als Wilhelm Behm – er war Apotheker am Hof Friedrichs II. – das Wasser einer Quelle untersuchte, die er zuvor nah der Panke besucht hatte. Er war von der Wasserqualität sehr angetan und meinte, es sei »unverantwortlich, solch reines Wasser verfließen zu lassen, ohne dass seine mineralische Kraft für den Menschen genutzt wird«.

Der offenbar geschäftstüchtige Hofapotheker bat daraufhin den König um die kostenlose Überlassung des Geländes sowie finanzielle Unterstützung, um einen Kurbetrieb mit Kurhaus, Parkanlage und Hotel errichten zu können. Da Friedrich II. die Pläne aber zu optimistisch erschienen, sollte Behm auf seine Kosten nur das Brunnenhaus und ein Badehaus errichten. Erst wenn sichergestellt sei, dass der Gesund-Brunnen vom Publikum angenommen wird, sollte die Anlage entsprechend erweitert werden. Um größtmögliches Interesse zu wecken, erfand Behm in seinem ersten Reklameprospekt eine Legende zur Entdeckung der Quelle: »König Friedrich I. war mit dem Kronprinzen in der Gegend auf Kaninchenjagd. Er erbat von dem Müller der benachbarten Papiermühle ein kühles Glas Wasser, um den Staub der Jagd hinunterzuspülen. Der Landesvater war von dem klaren Wasser so beeindruckt, daß er auch die Quelle sehen wollte. Da er diese recht unrein vorfand, befahl er ihre Reinigung und Einfassung. Seine Leibärzte waren gehalten, das Wasser auf seine Heilqualität hin zu untersuchen. Die Wasserqualität war so überzeugend, daß die Ärzte fortan das Wasser zur Heilung diverser Leiden empfohlen.«

Behm versuchte so seinem Gesund-Brunnen einen königlichen Nim-

Der Gesundbrunnen, um 1770. Kupferstich von Schleuen

bus zu geben und ließ 1758 die Quelle mit Backsteinen einfassen und darüber ein Brunnenhäuschen errichten. Ferner entstand in einem reizvoll angelegten Garten eine Kuranstalt mit Trink- und Wandelhalle, der er den Namen »Friedrichs Gesundbrunnen« gab. Die Legende seines Reklameprospekts hielt sich bis 1940. Dann fand ein Heimatforscher heraus, dass die besagte Papiermühle erst entstand, nach dem der Monarch schon einige Jahre nicht mehr unter den Lebenden weilte.

Obwohl Quelle und Bad in den ersten Jahren viele Besucher zu verzeichnen hatten, unter ihnen auch Moses Mendelssohn, war Friedrich II. weiterhin nicht bereit, Behm in größerem Stil zu unterstützen, um einen luxuriösen Kurort nach dessen Vorstellungen entstehen zu lassen. Der Hofapotheker musste seine großen Pläne begraben und so blieb »Friedrichs Gesundbrunnen« ein bescheidenes Fragment. Als Wilhelm Behm 1780 starb, verlor der Brunnen seinen wichtigsten Förderer, die Erben zerstritten sich, steckten kein Geld mehr in den Betrieb und so nahmen die Kurgastzahlen schnell ab.

1808 erwarb der Medicinal-Assessor Christian Gottfried Flittner die Brunnenanlage und ließ sie nach englischem Vorbild ausbauen. Er war bis dahin Besitzer der Berliner »Apotheke zum König Salomo«, nebenbei war er Autor populärer sexualpädagogischer Bücher, die er im Selbstverlag herausgab. Seine beiden Hauptwerke, erschienen 1795 und 1800 unter den Titeln »Das Geschlechtsleben in seinem ganzen Umfange« und »Die Kunst, mit Weibern glücklich zu sein«. Eine Kostprobe aus seinem Werk wollen wir uns nicht entgehen lassen: »Offenbar ist es bei der Vereinigung der Geschlechter auf wechselseitige Bildung und Veredlung des Charakters angelegt. Hier sollte das

Rauhe gemildert, dort das Zarte gestärkt werden, und indem die stärkeren Saiten der männlichen Seele zu einem harmonischen Einklang mit den sanfteren Melodien der weiblichen Empfindung sich stimmen, geht eins in das andere über, das einzelne Daseyn wird vertilgt, und beide vergessen, dass sie zu getrennten Wesen verurteilt sind.« Soweit der frühe Oswald Kolle!

Flittner verfügte über gute Beziehungen, da seine Schwägerin – eine beliebte Konzertsängerin – am Hof der Königin Luise verkehrte. So ließ er über die Sängerin anfragen, ob er seinen Kurbetrieb »Luisenbad« nennen dürfe – und sie antwortete ihm herzlich: »Ich erfülle gerne Ihre Bitte (...) und werde mich sehr freuen, wenn durch diese Anstalt der leidenden Menschheit eine Hülfe mehr gewährt wird. Ihre wohlaffektionierte Königin Luise.« Anlässlich der Namensgebung und der Enthüllung einer Luise-Büste besuchte die Königin persönlich das neue Kurbad. Der Dichter Friedrich Wilhelm Gubitz ließ es sich nicht nehmen, das feierliche Ereignis in einen Vers zu pressen: »Es hauchen die Stimmen vom Paradiese: Luise; es flüstert die Quelle der Wiese: Luise!« So wurde aus Friedrichs Gesundbrunnen der Luisenbrunnen. Zehn Jahre lang führte Flittner das Unternehmen recht erfolgreich, dann verkaufte er, um sich wieder seiner Tätigkeit als »Aufklärer« zu widmen.

Es folgten in den nächsten Jahren zwei weitere Besitzer. Zuerst Professor Ludwig Graßhoff, Direktor der Taubstummenanstalt in der Berliner Linienstraße. Nach seinem Ableben bauten die Erben ein neues Badehaus und einen Verpflegungsstützpunkt für pensionierte Offiziere. Nächster Besitzer wurde Carl Gropius, ein Dekorationsmaler, dessen Familie als Butterhändler und Seidenfabrikanten zu Wohlstand gekommen war. Es wurde über Jahre hinweg immer wieder gebaut und renoviert; aber auch ihm blieb der große Erfolg versagt.

1876 erwarb der Zimmermeister Carl Galuschki – gemeinsam mit seinem Bruder Emil – das Grundstück. Er wollte die Quelle als Einnahmequelle wieder stärker zum Sprudeln bringen und verlegte sie mit Rohrleitungen in den Keller des durch ihn errichteten Neubaus Badstraße 39, um das Wasser nun auch zum Verkauf in Flaschen abzufüllen. Die Brüder errichteten alle Gebäude, die das heutige Ensemble bilden. Die gesamte Badanlage wurde komplett erneuert und bekam einen neuen Namen »Marienbad«. Gebäude dieser Zeit finden sich noch einige, darunter die Kaffeeküche, das Comptoir und der Eingangsbereich zum damaligen Tanzsaal. Letzterer ist heute der Eingang in den Neubau der Stadtbibliothek, die sich teilweise unter unseren Füßen befindet. Lichtschächte sorgen für Tageslicht in den Bibliotheksräumen. Über dem Eingangsbereich der einstige Tanzsaal, in

Der Gesundbrunnen Luisenbad, Postkarte, um 1900

dem heute Lesungen und Konzerte stattfinden. An der rechten Ecke des historischen Gebäudes befand sich einmal der Eingang zu den »Marienbad-Lichtspielen«.

Das endgültige Aus für die Gesundbrunnen-Quelle kam im Jahr 1891, als die Brunnenstraße an die Kanalisation angeschlossen wurde. Das Pumpwerk haben wir ja bereits in der Bellermannstraße gesehen. Bei den Tiefbauarbeiten wurde die Quelle versehentlich angestochen und tröpfelte fortan nur noch, bis sie dann nach einiger Zeit endgültig im märkischen Sand versiegte.

Das große Eckgebäude zur Badstraße ging ursprünglich über die damals noch nicht angelegte Travemünder Straße hinweg bis an das Ufer der Panke. Die Galuschki-Brüder wurden nun gezwungen, ein Drittel des Gebäudes abzureißen, um so den Bau der Straße zu ermöglichen. Die dadurch entstandene neue Giebelwand des Gebäudes schmückten sie mit einem Relief, welches das 1908 abgerissene Brunnenhaus mit der Inschrift »In fonte salus« (In der Quelle ist Heilung) zeigt. Außerdem ist eine große Marmortafel ohne Text und drei leere Konsolen zu entdecken. In die Marmortafel sollte eigentlich die Geschichte des Gesundbrunnens eingraviert werden und die Konsolen waren gedacht, die Büsten der Förderer der Kuranlage aufzunehmen. Friedrich I., Friedrich II. und Königin Luise waren schon in Auftrag gegeben, konnten aber nicht mehr bezahlt werden. Die Brüder hatten sich mit ihren Plänen verkalkuliert, und ohne Heilquelle war das Überleben als Kurbad unmöglich. Carl Galuschki, hoffnungslos überschuldet und von seinen Gläubigern verfolgt, erschoss sich Sylvester 1910 vor der Dalldorfer Irrenanstalt, wo man ihn zuvor nicht aufnehmen wollte.

Auf der anderen Seite der Travemünder Straße fließt die Panke. Sie ist gerade einmal 29 Kilometer lang – ist auch an den meisten Stellen nicht sehr breit – und ist trotzdem ein wichtiges Stück Berlin, das auch mehrfach besungen wurde. Aber auch wenn Claire Waldoff 1926 »Een Tröpken aus der Panke« sang, sollte man lieber auf einen kühlen Schluck verzichten. Wurde im Mittelalter das Wasser des Oberlaufs noch für das Bernauer Starkbier genutzt, so erhielt sie mit der späteren Industrialisierung den wenig schmeichelhaften Beinamen »Stinkepanke«.

Es beginnt schon recht kläglich, da die Panke keine Quelle im klassischen Sinn hat. Sie beginnt als sogenannte Wiesenquelle bei Bernau und entwickelt sich dann zu einem kleinen Rinnsal, das in Bernau schon vor vielen Jahrzehnten durch unter dem Straßenpflaster verlegte Rohre fließen muss. Wieder am Tageslicht entwickelt sie sich zu einem respektablen Flüsschen auf dem Weg nach Berlin. Sie durchfließt die Schlossparks von Buch und Niederschönhausen, um nach 27 Kilometern in den Nordhafen zu münden. Nur ein kleiner Seitenarm, die Südpanke, fließt noch zwei Kilometer – teils ober-, teils unterirdisch – nach Mitte weiter, um direkt neben der Weidendammer Brücke in die Spree zu münden. Aber so harmlos, wie sie hier ausschaut, ist sie nicht immer, manchmal tritt sie über die Ufer – zuletzt 1980, wo sie einen Sachschaden von einer halben Million Mark in Wedding anrichtete. Seither sieht man zwischen Nettelbeckplatz und Chausseestraße einige Wehre, die zu einem aufwendigen Regulationssystem gehören und Überschwemmungen verhindern sollen.

Am gegenüberliegenden Ufer der Panke steht ein kleineres, 1844 errichtetes Gebäude. An der Putzfassade sind die Umrisse eines früheren Mühlenrades angedeutet. Es soll zeigen, dass hier am Ufer das Wasser der Panke ein Mühlrad antrieb. Schon lange vor Entdeckung der Heilquelle gab es hier eine Mühle. Die erste Erwähnung bezieht sich auf das Jahr 1251. Der Ort war für eine Wassermühle ideal, da die Panke auf ihrem vergleichsweise kurzen Lauf ein erstaunliches Gefälle von vierzig Metern hat und so den Mühlenrädern kräftigen Schwung gab. Seit 1748 diente die Gesundbrunnen Mühle überwiegend der Papierherstellung. Das Ausgangsmaterial waren meist eingeweichte Lumpen, die durch das wasserbetriebene Stampfwerk zerkleinert wurden. Nur das erhaltene Mühlenhaus war eine Getreidemühle, bis es der Fabrikant Arnheim kaufte, um ein Restaurant mit Kegelbahn neben seiner Fabrik einzurichten.

Mühle an der Panke, Gesundbrunnen, um 1890

Dieser Carl Arnheim eröffnete 1891 am Ufer der Panke die »Arnheimsche Tresorfabrik zur Herstellung feuerfester und einbruchsicherer Panzerschränke«. Die Firma war bereits 1830 von dem Schlossermeister Simon Joel Arnheim an der Rosenthaler Straße in Mitte gegründet worden, wo eine Erweiterung der Produktion nicht mehr möglich war. Carl Arnheim ließ – nun links von dem Mühlenbau – an der Badstraße das Verwaltungsgebäude seiner Fabrik errichten. Auf der fensterlosen Brandmauer zur Travemünder Straße ist noch die Inschrift »Geldschrankfabrik. Tresorbau« zu entziffern. Hinter dem Mühlenhaus, über eine kleine Brücke zu erreichen, stehen die markanten Fabrikhallen, deren Sheddächer wie Sägezähne in den Himmel reichen und die Hallen mit Licht aus Norden versorgen.

Die Tresorfabrik war zu ihrer Blütezeit die größte Europas. Ins Gerede kam die Qualität der Tresore durch die Brüder Franz und Erich Sass, die 1929 einen gut gefüllten Arnheim-Tresor bei ihrem spektakulären »Bruch« in den Tresorraum der Berliner Disconto-Gesellschaft am Wittenbergplatz knackten und dabei nicht nur die Bank und deren Schließfach-Kunden schädigten, sondern auch die Werbebotschaft der »einbruchsicheren Tresore« ad absurdum führte. Dieser Vorfall verstärkte noch die Folgen der Weltwirtschaftskrise und führte zum Ende der Firma Arnheim, die nun von einem Konkurrenten »geschluckt« wurde. Seit 1982 werden die Werkhallen vornehmlich als Ateliers für Bildhauer genutzt.

Wir überqueren die stark befahrene Brunnenstraße und werfen von der anderen Seite noch einen Blick auf die prachtvolle Fassade des von Carl Galuschki 1892 errichteten Gebäudes. Auch die Klinkerfassade des Arnheimschen Verwaltungsgebäudes besticht durch solide Qualität. Auf dieser Seite der Straße, direkt am Ufer der Panke, steht ein ganzes Ensemble von Hallen und Werkstattgebäuden, die im typischen Stil der zwanziger Jahre in Klinkerbauweise entstanden sind.

Das Gelände diente ab 1874 als Betriebshof der Pferdebahn und wurde dann zwischen 1926 und 1929 nach Entwürfen des BVG-Hausarchitekten Jean Krämer neu bebaut. Es entstanden Werkstätten für die Berliner Verkehrsbetriebe, die hier ihre Straßenbahnen und Busse reparierten. 2007 verkaufte die BVG das denkmalgeschützte Gelände an die Uferhallen Immobilien AG, einen Zusammenschluss privater kunstinteressierter Investoren, die Tänzern und bildenden Künstlern gute Arbeitsmöglichkeiten bieten wollen. Der »Tanz Raum Berlin«, ein Tanzzentrum der Hochschulen, hat hier sein Domizil und bringt seither frischen Wind und Kultur nach Gesundbrunnen.

Wir laufen nun auf dieser Seite der Badstraße wieder in Richtung unseres Ausgangspunktes, allerdings nicht auf direktem Weg. Wir wollen zuerst nach rechts in die Buttmannstraße einbiegen, die zum Brunnenplatz führt.

Auf dem Weg dahin überqueren wir die Thurneysserstraße, die nach einem ungewöhnlichen Mann benannt ist. Leonhard Thurneysser (1531-1596) war nicht nur Leibarzt von Kurfürst Johann Georg, sondern auch ein vielseitiger Unternehmer. Er war Gastwirt, Goldschmied, ließ Kosmetik herstellen und Teppiche weben. Der Kurfürst überließ ihm Räume im Grauen Kloster, wo Thurneysser eine Druckerei mit Schriftgießerei aufbaute und auch ein Laboratorium für alchimistische und chemische Versuche betrieb. Das im 13. Jahrhundert von Franziskanern eingerichtete Kloster bestand bis zur Reformation, die das katholische Klosterleben beendete.

Die »schwarze Kunst«, Bücher zu drucken, hatte im Ansehen der Bevölkerung viel mit Magie zu tun und so erzählte man sich über das Laboratorium und die Druckerei, in der über 200 Leute arbeiteten, die schauerlichsten Spukgeschichten. Man glaubte auch, dass dieser »Hexer« Gold herstellen könnte. Im Alter von 50 Jahren heiratete Thurneysser ein blutjunges Mädchen – auf Empfehlung – er hatte sie vor der Heirat nie gesehen. Die Frau soll liederlich, einfältig und mannstoll gewesen sein und der Ehemann bezeichnete sie später als »Blutschandhure und Giftköchin«. In einem aufsehenerregenden Prozess, in dem sie ihren Mann als »Hexer u. Satan« darstellte, gelang es ihr, diesen um seine Kinder aus voriger Ehe und um sein gesamtes Vermögen zu brin-

Amtsgericht Wedding, Blick von der Pankstraße, Foto: Waldemar Titzenthaler

gen. Thurneysser wurde darüber trübsinnig, erlitt einen Schlaganfall und wollte so schnell wie möglich Berlin verlassen. Da der Kurfürst ihn aber nicht gehen lassen wollte, musste er 1584 heimlich des Nachts aus der Stadt fliehen. 1596 (oder 1595) verstarb er völlig verarmt und unter ungeklärten Umständen in einem Kloster in der Nähe von Köln.

Das Amtsgericht Wedding wurde nach Plänen von Rudolf Mönnich und Paul Thoemer 1906 nach fünfjähriger Bauzeit fertiggestellt. Das etwa 120 Meter lange im neogotischen Stil errichtete Gebäude soll der Albrechtsburg nachempfunden sein. Wer allerdings einmal in Meißen war, wird auf den Vergleich verzichten. In den Ecken der beiden Bauflügel befindet sich jeweils ein Treppenturm, Maßwerk, Erker, Stufengiebel; Vorhangbogenfenster schmücken die Frontfassade. Über dem Eingang, der in ein großartiges Treppenhaus führt, steht eine drei Meter hohe allegorische Figur einer Justitia. Ihre Augen sind nicht verbunden und sie trägt weder Waage noch Richtschwert, sondern ein Schild und ein Gesetzbuch. Nach 1933 wurde im Giebel des Portals ein Reichsadler mit Eichenkranz und Hakenkreuz angebracht, der noch heute – allerdings ohne Hakenkreuz – erhalten ist. Da das Baugelände, bedingt durch die nahe Panke, sehr morastig war, musste der Grund durch zahlreiche Eisenbetonpfähle vor dem Bau stabilisiert werden.

Als am 1. Oktober 1920 das »Gesetz über die Bildung einer neuen Stadtgemeinde Berlin« in Kraft trat, lebten im neuen »Bezirk 3« mit dem historischen Feldmarkennamen Wedding über 360.000 Einwohner. Nach Kreuzberg war Wedding der bevölkerungsreichste Bezirk. Erstaunlicherweise besaß Wedding kein eigenes Rathaus, so dass erst einmal ein Provisorium gefunden werden musste. Man fand es in der Schönstedtstraße 1, nur einen Steinwurf vom Amtsgericht entfernt – im 1918 eingerichteten Ledigenheim für Männer.

Mit der Einrichtung von Ledigenheimen sollte dem »Übelstand« des sogenannten Schlafgängerwesens entgegen getreten werden. Die Schlafgänger wurden mit dafür verantwortlich gemacht, dass viele Arbeiterwohnungen dauerhaft überbelegt und dadurch eine Gefährdung für die Familien waren. Da Frauen zu den Unterkünften keinen Zugang hatten, fand der Volksmund den Namen »Bullenkloster«. Zur Ausstattung der Heime gehörten – neben den Wohnräumen – gemeinsame Sanitäranlagen, Aufenthaltsräume und eine Kantine. Ledigenheime wurden häufig in der Nähe von Industriebetrieben gebaut, wo ein Teil der Bewohner arbeitete. Es sollte aber von der Heimleitung auch Kontrolle ausgeübt werden, so sollten sie zum Beispiel den Kontakt zu den Gewerkschaften unterbinden. Karl-Boy Simonsen schrieb 1933 in dem »Lied vom Geiseltal«:

Wenn der Tag zu Ende, die Arbeit aus
Und verblasst der Abendsonnenschein,
Fuhren wir, die Grabungskolonne, ahoi,
Auf dem Rad ins Ledigenheim.
Dort brachte uns Meta das Essen herbei,
(Von der Industrie finanziert).
Zur Liebe hatten wir keine Zeit,
Die Arbeit hat uns ruiniert.

Dieses Gebäude machte man nun vorübergehend zum Rathaus Wedding. Unter dem Dach war der Sitzungssaal der Bezirksversammlung, der Bürgervertretung, untergebracht, die sich damals noch aus Stadtverordneten und Bezirksverordneten zusammensetzte. Zehn Jahre litt die Verwaltung unter der Enge, die im Gebäude herrschte, dann wurde das neue Rathaus an der Müllerstraße am 18. November 1930 eingeweiht. Das Rathaus kostete nur 2 Millionen Mark und war damit 200.000 Mark preiswerter als veranschlagt. Die ersparte Summe hielt Bürgermeister Carl Leid für den Ausbesserungsfonds zurück.

Über den Brunnenplatz, der zwischen 1906 und 1908 als wilhelminischer Schmuckplatz angelegt wurde, erreichen wir wenig später die Pankstraße. Zur 750-Jahrfeier der Stadt im Jahr 1987 wurde die Gartenanlage so wieder hergerichtet, dass vier unterschiedliche Bereiche trotzdem ein gemeinschaftliches angenehmes Erscheinungsbild zeigen und jungen wie auch älteren Nutzern gerecht werden. So gibt es einen Schmuckbereich, der an die alte Anlage erinnert, einen Spielbereich,

Gesellschaafthaus, Swinemünder Straße 42, um 1900. Postkarte

unterteilt für kleinere und größere Kinder: eine Bolzwiese – die auch als Liegewiese mit möglichem Ballkontakt zu nutzen ist – sowie einen von Rosen begrenzten Sondergarten, in dem eine Skulptur und mehrere schmückende Architekturteile von einer Eibenhecke umgeben sind. Einige Bänke sollen zum Verweilen einladen.

An der Pankstraße geht es nach links. In diesem Bereich gibt es mehrere Schulen, von denen die älteste, 1865 erbaut, heute das Mitte Museum (Nr. 47) beherbergt. Christian Friedrich Bellermann hatte sich damals als Pfarrer von St. Paul wortgewaltig und tatkräftig für die Einrichtung der 32. Berliner Gemeindeschule eingesetzt.

Wir biegen rechts in die Badstraße ein. Mit der 1874 eingerichteten Pferdebahn, und dann ab 1895 mit der ersten von Siemens gebauten elektrischen Straßenbahn, war die Badstraße von Berlin aus nun leicht zu erreichen. Sie entwickelte sich zu einem Vergnügungsviertel, einem Berliner St. Pauli. Die Straße besteht aus 67 Häusern, in denen sich Ende des 19. Jahrhunderts 40 Gaststätten befanden. An den Wochenenden vergnügten sich bis zu 100.000 Menschen, meist der Arbeiterschaft zugehörig, in der Badstraße. Es gab Varietés, Kegelbahnen, Theater, Gartenlokale und die ersten Lichtspielhäuser, anfangs kleine, später größere mit bis zu 1000 Sitzplätzen. Der größte Vergnügungsbetrieb war Weimanns Volksgarten in der Badstraße 56-57 (heute Neubau) mit Platz für 10.000 Menschen. Hier – wie auch an anderen Orten – waren Biergarten, Theater, Tanzsaal, Kino und Varieté vereint unter einem Dach.

Wenn Fontane auf seinen Wanderungen in Richtung Schloss Tegel unterwegs war, führte sein Weg notgedrungen durch die Badstraße. Er zeigte sich entsetzt über »die völlige Abwesenheit alles dessen, was wohltut und gefällt«. Weiter schrieb er: »Den kläglichsten Anblick gewähren die sogenannten Vergnügungsörter. Man erschrickt bei dem Gedanken, dass es möglich sein soll, an solchen Orten das Herz zu erlaben und zu neuer Wochenarbeit zu stärken. Wie Ironie tragen einige die Inschrift: ›Zum freundlichen Wirt‹. Man glaubt solcher Inschrift nicht. Wer könnte freundlich sein in solcher Behausung und Umgebung? Als einziger Anklang an Spiel und Heiterkeit, zieht sich am Holzgitter des Hauses eine Kegelbahn entlang, deren kümmerliches und ausgebleichtes Lattenwerk dasteht wie das Skelett eines Vergnügens.«

Bis zum Zweiten Weltkrieg hielt das muntere Treiben an. Dann war es erst einmal mit dem Vergnügen vorbei. Erst in den Nachkriegsjahren flackerte hier und da das alte Leben wieder auf, um aber 1961 mit dem Bau der Mauer abrupt zu erlöschen. Bis dahin hatten die Bürger von Pankow und Prenzlauer Berg gerne in der Badstraße eingekauft – damit war nun Schluss. So erging es auch den zahlreichen Kinos in Gesundbrunnen, die nun nach und nach aufgaben.

Ein Weddinger, der die zwanziger Jahre noch gut in Erinnerung hatte, gab Auskunft: »Wenn Sie hier aus der Bahnhofshalle [Bhf. Gesundbrunnen] herauskamen, dann war da gleich das Kino ›Lichtburg‹ und dann sind wir den Broadway runtergegangen, also die Badstraße, da kamen wir dann zu ›Ballschmieder‹. Das war ein Etablissement mit Gärten, Karussell und so weiter, und ein paar Schritte weiter war das Humboldttheater. Gegenüber war Ball, das neue ›Alhambra‹ und dann kam der Clou, das Bad ›Kristallpalast‹. Da war die Kinoorgel, da saß man mit 2000 Mann, da ging mit einem Mal die Kinoorgel hoch, da wurde dann ein Schlager der Zeit entsprechend gespielt, und wenn man dann rauskam, ging man über die Badstraße nach ›Marienbad‹. Das war sozusagen die Vorstation. Koloniestraße war dann 'ne kleine Flohkiste. Da bin ich als kleiner Junge hingegangen und habe die ganzen Filme gesehen. Also das Resümee von dieser ganzen Sache waren mindestens sieben oder acht Kintöppe. Und das war hier ein blühendes Leben, und jeder konnte machen, was er wollte.«

Bis zum Mauerbau gab es an allen wichtigen Sektorenübergängen »Grenzkinos« mit fortwährendem Kinobetrieb – immer Wochenschau, Vorfilm, Hauptfilm und dann wieder Wochenschau, Vorfilm, Hauptfilm und das bei durchgehendem Einlass zwischen 10 und 22 Uhr. Wir befinden uns ja im ehemaligen Französischen Sektor. Hier gab es drei »Grenzkinos«: die »Polo Lichtspiele« in der Chausseestraße, nah der U-Bahn Grenzstation Reinickendorfer Straße, die »Vineta Lichtspiele«, nah der U-Bahn Grenzstation Voltastraße sowie am Bahnhof Gesundbrunnen das »Corso«, der neue Name der einstigen »Lichtburg«. In allen »Grenzkinos« kostete der ermäßigte Eintritt für Besucher aus der »Ostzone« nur 25 Pfennige. In der Badstraße 58 (heute Neubau) befand sich das Rose-Theater mit einer Gartenbühne. Im Hof des Gebäudes eröffnete 1887 ein Verlag mit Druckerei, in der die »Quelle«, die einzige Weddinger Zeitung entstand. Unbedingt lohnend ist der Blick in die Gesundbrunnen Apotheke (Nr. 64), die an Wänden und Decken eine wunderschöne filigrane Bemalung aufweist, die sich im Treppenflur des Hauses fortsetzt. Immer wieder, über Jahre hinweg, griff der Maler Peter Schmidt-Schönberg zu Pinsel und Farben. Der Maler hat im Hinterhaus unter dem Dach sein Atelier. Sein Vermieter ist der Apotheker, dem das Haus gehört. Was lag also näher als eine intensive Verbindung zwischen Kunst und Miete herzustellen?

Die 1842 eingerichtete Bahnstrecke von Berlin nach Stettin überquerte die Badstraße auf »Schienenhöhe«. Bei der Planung war man der Meinung, dass es kein Problem sei, die Bahn vom Stettiner Bahnhof im Norden Berlins, quer durch das »wüste« Gesundbrunnen zu führen, wo es nur wenig Verkehr gab. So wurde die dritte Eisenbahnlinie Preußens gebaut, die nach Fertigstellung zwischen Grüntaler- und Stettiner Straße die Badstraße kreuzte. Eine Bahnschranke sicherte den Übergang um Unfälle zu verhindern. Mit der Einrichtung der Bahn sollte die Handelsverbindung zwischen den beiden Städten verbessert werden. Man rechnete bei der Planung mit einer geringen Auslastung und daher mit nur wenigen Zügen. Hierbei hatten sich die Planer aber gewaltig verschätzt. Bei der Eröffnung der ersten Teilstrecke von Berlin bis Eberswalde fuhr die Bahn noch eingleisig. Als dann aber die Nebenstrecken nach Greifswald, Stralsund, Pasewalk, Anklam, Stargard und Prenzlau fertig waren, nahm nicht nur der Güterverkehr, sondern auch der Personentransport sprunghaft zu. Für die Berliner war es das Tor zu den Feriengebieten an der Ostsee.

Wer um 1890 mit seinem Fuhrwerk auf der Badstraße unterwegs war, benötigte gute Nerven und Zeit. Inzwischen war ein zweites Gleis dazugekommen und der Zugverkehr hatte eine von den Planern nicht erwartete Dichte erreicht. Die Schranken am Übergang waren mehr unten als oben, und da sich der Verkehr auf der Badstraße rasant entwickelt hatte, herrschte ein tägliches Verkehrschaos.

Der Bahnwärter Laumert, zuständig für die Bedienung der Schranke, wohnte in einer winzigen Dienstwohnung im Wärterhäuschen, direkt neben dem Übergang. Er teilte sich die Unterkunft mit einer Kuh und einer Ziege. Da die Bahn das Wärterhäuschen nicht mit einem Klosett ausgestattet hatte, und er auch den Mist der Tiere nicht ordentlich beseitigte, beschwerte sich der Nachbar über unzumutbaren »Gestank« und die Tatsache, dass die Exkremente durch eine leichte Hanglage auf seinem Grundstück landeten, bei der Polizei. Die Anzeige brachte Laumert einen Abtritt ein, die Kuh musste er allerdings abschaffen.

Ein Artikel in der Gesundbrunner Lokalzeitung Quelle beschreibt 1890 unter der Überschrift »Halt! Wenn die Barriere geschlossen!« die gefährliche Situation am Bahnübergang in einem Stadtteil in dem rund 30.000 Menschen leben: »Dennoch fahren täglich von 6 Uhr morgens bis 6 Uhr abends circa 100 Züge durch, die den Verkehr in jeder Beziehung auf das Empfindlichste stören. (…) Am Sonntag, nachts gegen 11 Uhr kam ein Pferdewagen von der Brunnenstraße nach dem Gesundbrunnen. Da die Barriere wiederum nicht geschlossen, so wollte der Kutscher Klein über den Bahnkörper fahren, doch kurz vor demselben bemerkte er, daß trotz der offenen Schranke ein Zug von Stettin herangebraust kam, der nur noch eine kurze Strecke entfernt war. Glücklicher Weise hatte er noch so viel Besonnenheit, da er nicht bremsen konnte, die Pferde anzutreiben und kam auch glücklich über die Schienen, selbst die Passagiere kamen mit dem Schrecken davon. (…) Einige 30 bis 50 Gäste, die aus den Concertlokalen von Hagen, Seydel u.s.w. nach Hause zurückkehren wollten, ließen sich durch Zurufe der Bahnwärter glücklicher Weise vom Überschreiten des Bahnkörpers zurückhalten. Über die Veranlassung zu diesem Vorfall haben wir folgendes ermittelt. Als das Signal gegeben war, dass der Zug von Stettin komme, kam das Contre-Signal vom Stettiner Bahnhof, dass die Einfahrt noch nicht frei sei. Vorschriftsmäßig wurde von hier aus das Signal zum ›Halten‹ gegeben. Aber Rowdies, die am Bahnkörper sich herumtrieben, hatten die rothe Signal-Laterne, die das Halten gebot, zertrümmert; so daß der Lokomotivführer nur ein weißes Licht sah als Signal, daß die Einfahrt frei sei. Die Bahnbeamten, welche von hier aus das Versagen des Signals nicht bemerken konnten, gaben zwar sofort, als sie dennoch das Herannahen des Zuges bemerkten, mit einer roten Handlaterne, die geschwenkt wurde, das Haltesignal, aber weder der Kutscher der Pferdebahn nahm Rücksicht hierauf oder hatte es nicht bemerkt, noch hatte es der Lokomotivführer gesehen. Als er es schließlich gewahr wurde, war es, obgleich Contre-Dampf und das Signal zum Bremsen gegeben wurde, zu spät. Es trifft hierbei die Beamten keine Schuld.«

Obwohl die Zustände nicht haltbar waren, dauerte es noch bis zum 1. Mai 1897; dann wurde der Verkehr auf dieser Strecke eingestellt. Nach dem notwendigen Bau von neun großen Brücken und einer Unterführung fuhr die Bahn nun auf der Trasse der Ringbahn und der Nordbahn, ohne den Verkehr in Gesundbrunnen zu beeinträchtigen.

1872 war bereits ein Teil der Ringbahn in Betrieb genommen, und Wedding sowie Gesundbrunnen waren nun mit der S-Bahn erreichbar. 1897 wurde auch das Empfangsgebäude für den Fern- und Vorortverkehr eingeweiht. Die Eröffnung der Bahnhöfe Humboldthain (1935) und Bornholmer Straße (1939) war ein wichtiger Schritt für den Ausbau der S-Bahn, doch erst nach der Fertigstellung des Nord-Süd-S-Bahn-Tunnels durch die Berliner Innenstadt (1939) zwischen Stettiner Bahnhof und Anhalter Bahnhof war es möglich, die S-Bahnlinien der Nordstrecken endlich mit denen der Südstrecken zu verknüpfen, damit in Zukunft die Züge durchgehend zwischen Oranienburg und Wannsee/Potsdam fahren konnten.

1935 zog der Maler Otto Nagel in die Badstraße 65. Der Freund von Heinrich Zille und Käthe Kollwitz wurde als Sohn eines Tischlers im Wedding geboren. Nach der Volksschule begann er eine Lehre als Glas- und Mosaikmaler, die er aber nicht beendete. 1912 war er in die SPD eingetreten. Kriegsdienstverweigerung führte zu Inhaftierung im Straflager Wahn bei Köln. Nach Ende des Ersten Weltkrieges wurde er zunehmend politisiert, wechselte von der SPD zur KPD und initiierte 1922 mit Erwin Piscator die »Künstlerhilfe«, unter dem Dach der Internationalen Arbeiterhilfe (IAH).

1926 organisierte Nagel eine Ausstellung seiner aktuellen Bilder im Sängerheim, einem Bierlokal in der Weddingstraße. Adolf Behne berichtete über die Eröffnung in der Weltbühne unter der Überschrift: »Ein ungewöhnliches Milieu für Kunst. (…) Das Publikum, Männer und Frauen vom Wedding, ernst, schweigsam, langsam die Bilder betrachtend. Sie sehen sich selbst an den Wänden, von einem der ihren gemalt: den Briefträger, die alte Frau im Spital, die Nutte vom Karrée Nettelbeckplatz, den Idioten ›Vater‹ von der Wach- und Schließgesellschaft, den Budiker von der Ecke. Ich stelle mir die Menschen, die im ›Sängerheim‹ diese Bilder betrachten, in der Nationalgalerie vor. Sie gehen fremd, verwundert, ratlos von Bild zu Bild und gehen verdattert zur Tür hinaus. Sie dürfen ja hingehen, aber sie fühlen sehr schnell, daß sie nur geduldet sind.«

Neben der Malerei war Nagel bis 1932 Herausgeber der Satirezeitschrift Eulenspiegel. 1933 erfolgte seine Wahl zum Vorsitzenden des Reichsverbandes der Bildenden Künstler Deutschlands. Nur einen Tag später wurde die Wahl von den Nazis annulliert. Seine Wohnung und das Atelier wurden durchsucht und es folgten mehrfach Inhaftierungen zuletzt im KZ Sachsenhausen. Nach mehreren Monaten gelang es 1937 seiner Frau Walli, ihn wieder frei zu bekommen. Er woll-

Zivilisten vor dem Haupteingang des Bunkers bei einem Luftangriff, 1943

te nicht emigrieren: »Wenn alle emigrieren, wer bliebe dann noch da, um Widerstand zu leisten«.

So blieb er. Wegen offiziellen Verbots durfte er in seinem Atelier nicht mehr arbeiten und so hat er sich einfach auf die Straße gesetzt und gemalt. So entstanden in dieser Zeit Otto Nagels bekannte Straßenlandschaften, die das noch vom Krieg unzerstörte Berlin zeigen.

Am Anfang und am Ende steht der Berg – unübersehbar, aber von uns noch gar nicht beachtet. Je nach Lust und Laune macht sich der

Hochbunker, Geschützturm mit Flaggenschmuck, Südseite mit Haupteingang, April 1943

Flaneur an den Aufstieg oder lässt es. In jedem Fall wird die Mühe mit einem weiten Blick über die Stadtlandschaft belohnt.

Anlässlich des 100. Geburtstages von Alexander von Humboldt, am 14. September 1869, wurde mit der Anlage des 29 Hektar großen Volksparks begonnen. Sieben Jahre dauerten die Arbeiten unter Federführung des Landschaftsgestalters Gustav Meyer, die 1876 mit einer großen Feier ihr Ende fanden. Nach Meyers Entwürfen entstand in Berlin auch der Treptower Park, der Volkspark Friedrichshain sowie der Kleine Tiergarten und das Späthsche-Arboretum in Baumschulenweg.

Zwischen 1941 und 1942, es war der Beginn der Luftangriffe auf die Reichshauptstadt, wurde auf einer Anhöhe am Rand des Parks eine Bunkeranlage mit zwei Flaktürmen errichtet. Der südliche Turm wurde nach Kriegsende gesprengt und anschließend fast komplett mit

Hochbunker vom S-Bahngelände aus gesehen, 1949. Foto: Günther Faskel

Bahnhof Gesundbrunnen, Bahnsteig mit Hamsterern, 1948. Foto: Otto Martens

Trümmerschutt überdeckt. Der so entstandene Abhang dient heute bei entsprechendem Winterwetter als Rodelbahn. Der nördliche Turm wurde, um die Bahnstrecke zum Bahnhof Gesundbrunnen nicht zu gefährden, nur teilweise gesprengt und dient heute als Aussichtsplattform, die den Namen Humboldthöhe trägt. Ein Teil der Bunkerwände wird vom Deutschen Alpenverein zum Sportklettern genutzt. In den Sommermonaten gibt es Führungen in das Bunkerinnere durch den Verein »Berliner Unterwelten«, im Winter bewohnen Fledermäuse die unterirdischen Räume.

Nah der Brunnenstraße stand einmal die Himmelfahrtskirche, die den Bombenkrieg nicht überstand und nach Kriegsende gesprengt wurde. Genau an der Stelle befindet sich heute ein Rosengarten. Wer sich zum Abschluss, oben auf der Humboldthöhe die Luft um die Nase wehen lässt, hat nicht nur den Blick auf Gesundbrunnen, er sieht auch, dass Berlin tatsächlich irgendwo aufhört.

Friedrichshain

Friedrichshain leuchtet
Spurensuche in der »Lampenstadt« und im Osthafen

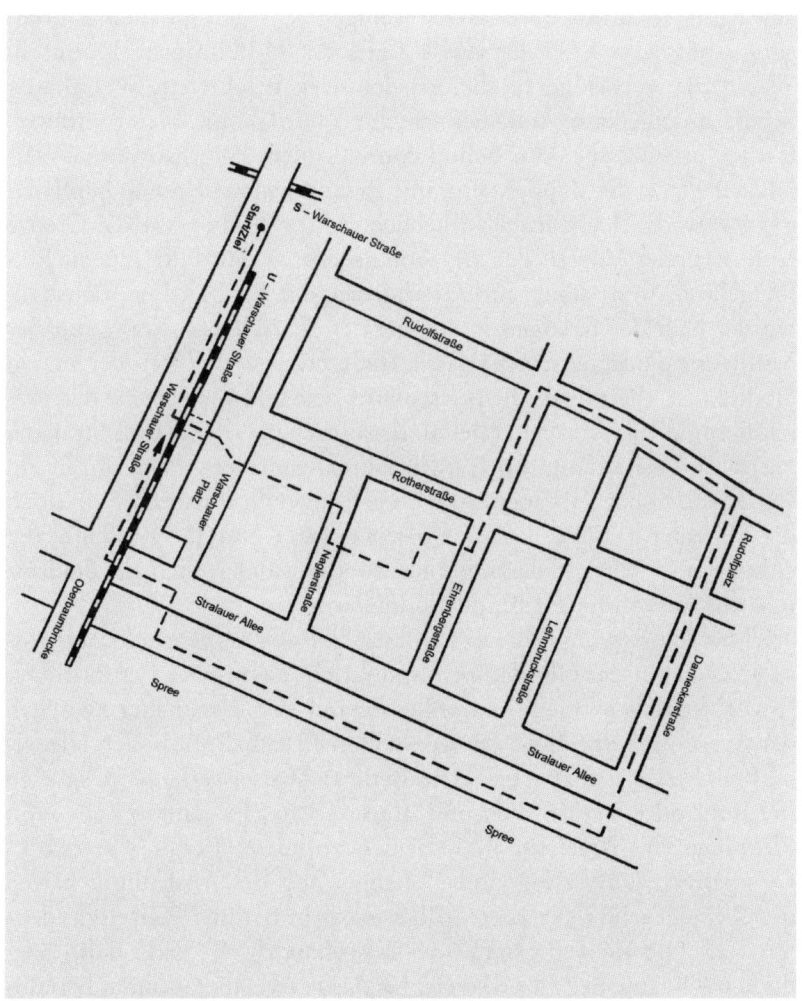

Ausgangspunkt und Endpunkt:
S/U-Bahnhof Warschauer Straße

Das Umsteigen an der Warschauer Straße von der S-Bahn in die U-Bahn – oder umgekehrt – kann sehr unangenehm sein. Vor allem im Herbst und Winter wenn der Wind, der beim Überqueren der Warschauer Brücke besonders heftig weht und den Nieselregen in Gesicht und Kleidung bläst, ist der Weg über Treppen und »Laufstege« – ein viele Jahre andauerndes Provisorium – wahrlich kein Vergnügen.

Von den Bahnhöfen kommend folgen wir der Warschauer Straße abwärts in Richtung Spree. Nach wenigen Schritten führt ein Durchgang – die Max-Koch-Passage – unter der U-Bahntrasse hindurch. Waren die VerkeHgeräusche auf der stark befahrenen Warschauer Straße unangenehm laut, herrscht hier, nur wenige Meter entfernt, fast idyllische Ruhe. Wir befinden uns an dem langgestreckten Warschauer Platz, der doppelreihig mit Pyramidenpappeln eng bepflanzt ist, was störende Geräusche erheblich reduziert. Hier war die Grenze zum Stralauer Viertel, das seit Anfang des 18. Jahrhunderts zu Berlin gehörte und später zum Kerngebiet des Bezirks Friedrichshain wurde. Nah der heutigen Kreuzung der Warschauer Straße mit der Mühlenstraße stand das Stralauer Tor, eines von 14 Toren der letzten Stadtmauer, die nur noch Akzisemauer war und nicht mehr der Verteidigung dienen musste. Hier an der östlichen Grenze zum Stralauer Viertel war sie anfangs noch nicht einmal gemauert, sondern nur ein vier Meter hoher Palisadenzaun, an den heute in Friedrichshain noch die Palisadenstraße erinnert. Zwischen 1866 und 1869 erfolgte der Abriss der Mauer und nach und nach verschwanden auch alle Stadttore – mit Ausnahme des Brandenburger Tores.

Unser Spaziergang führt uns anfangs in die »Lampenstadt«, das einstige Zentrum der Glühlampenproduktion. Bevor aber Berlin in hellem, elektrischem Licht erstrahlte, befand sich genau hier zwischen der Spree und der 1842 fertiggestellten Eisenbahnlinie der Niederschlesischen Eisenbahn das erste Berliner Wasserwerk. 1853 kauften die Engländer Charles Fox und Thomas Russel Crampton ein zehn Hektar großes Areal für ihre zuvor gegründete »Berlin Waterworks Company«. Kaufvertrag und Genehmigung der Ansiedlung hatten die Gründer schon vier Jahre früher mit dem Berliner Polizeipräsidenten Karl Ludwig von Hinckeldey ausgehandelt. Es hatte dann aber doch noch längere Zeit gedauert, bis das notwendige Kapital beisammen war. Dann entstanden die notwendigen Kiesfilteranlagen, Reinwasserreservoire, Maschinen- und Kesselhäuser sowie ein Wohn- und Verwaltungsgebäude. 1856 nahm das Wasserwerk seinen Betrieb auf. Neben der Oberbaumbrücke, damals noch eine Holzbrücke, wurde das Wasser der Spree angesaugt und durchlief dann, angetrieben durch kräftige Pumpen, vier große Becken mit unterschiedlicher Kies-

Warschauer Straße, um 1910, Postkarte

körnung. Nach der Reinigung wurde das Wasser auf den Windmühlenberg an der heutigen Belforter Straße in ein unterirdisches Reservoir gepumpt, von wo aus es mit Hilfe des »dünnen« Steigrohrturmes, dem heutigen Wahrzeichen von Prenzlauer Berg, in das Leitungsnetz gelangte und die Bewohner des Viertels mit Trinkwasser versorgte.

Die Spree war damals der wichtigste Transportweg aller Waren und Baustoffe, die nach Berlin kamen oder die Stadt verließen. Alle Abwässer gelangten ungefiltert in den Fluss. Entsprechend stark war das Wasser verschmutzt und auch nach der hier erfolgten Reinigung hatte es nach heutigen Maßstäben den Begriff Trinkwasser nicht verdient. Der Dichter Friedrich Rückert (1788-1866), der einst am Schiffbauerdamm wohnte, hatte die Spree direkt vor der Nase, was ihm nicht immer angenehm war: »Die Spree, sie kommt beim Oberbaum herein rein wie ein Schwan, um wie ein Schwein beim Unterbaum herauszukommen«.

Dieser Zustand verbesserte sich erst 1893 mit der Inbetriebnahme eines neuen Wasserwerks in Friedrichshagen am Müggelsee. Der englische Ingenieur Henry Gill, der auch das erste Wasserwerk errichtet hatte, entwarf auch die moderneren Anlagen am Müggelsee. Nach Fertigstellung des neuen Werks war, gemeinsam mit dem Tegeler Werk und der Charlottenburger Pumpstation, die Wasserversorgung Berlins erheblich verbessert. Das Werk am Stralauer Tor wurde stillgelegt.

Im darauffolgenden Jahr nahm an gleicher Stelle eine Versuchsanlage zur Müllverbrennung den Betrieb auf. Die ebenfalls von einer englischen Firma betriebene Anlage, deren Einrichtung von der Stadt finanziell unterstützt wurde, stellte nach der Erprobungsphase die Stadtväter aber nicht zufrieden, worauf der Betrieb eingestellt

U-Bahnbau Stralauer Tor, 1901. Im Hintergrund Warschauer Brücke

wurde. Einen Teil des Geländes verkaufte die Stadt anschließend an die »Gesellschaft für elektrische Hoch- und Untergrundbahnen«, um den Bau der ersten elektrischen Bahnlinie, der »Stammbahn«, zu ermöglichen. Schon 1880 hatte Werner von Siemens erste Pläne für eine elektrische Hochbahn vorgelegt, aber erst 16 Jahre später gaben die Behörden dem Vorhaben »grünes Licht«. Der größte Teil der Strecke entstand als Hochbahn, deren Gleise von kunstvoll genieteten eisernen Stützen getragen werden. Nur im Bereich des Potsdamer Platzes – und auf dem Gebiet der damals noch selbstständigen Stadt Charlottenburg – fuhr die Bahn im Untergrund. Ab 1902 verkehrten die ersten »Kleinprofilwagen« zwischen den Bahnhöfen Knie (heute Ernst-Reuter-Platz) und Warschauer Brücke (heute Warschauer Straße). Zwischen den Bahnhöfen Schlesisches Tor und Warschauer Brücke gab es anfangs noch die Station Stralauer Tor. Sie befand sich zwischen der Stralauer Allee und der Oberbaumbrücke und hatte mit 322 Metern den geringsten Abstand zwischen den Bahnhöfen der Stammbahn. Im Durchschnitt beträgt der Abstand sonst 930 Meter. 1924 wurde die Station umbenannt in Bahnhof Osthafen. Bei einem Luftangriff 1945 zerstörten Bomben das Bahnhofsgebäude, auf dessen Wiederaufbau die Verkehrsbetriebe in der Nachkriegszeit verzichteten.

Direkt am Warschauer Platz (Nr. 6-8) fällt ein stattlicher Klinkerbau durch seine filigrane, senkrechte Fassadengliederung auf. Die ehemalige Höhere Weberschule entstand als Klinkerbau zwischen 1909 und 1914 nach Entwurf des Stadtbaurats Ludwig Hoffmann. Er hat in seiner Dienstzeit eine stattliche Anzahl architektonisch herausragender öffentlicher Bauten für Berlin entworfen. Vorher befand sich die Berufsschule für Weber in der Markusstraße/Ecke Koppenstraße. Sie konnte den neuen Anforderungen, die sich seit 1903 in der Textilindustrie abzeichneten, nicht mehr gerecht werden. Der Übergang von der mechanischen Webtechnik zur Maschinenweberei und die damit einhergehende Entwicklung zur Konfektionskleidung, machten ein erheblich größeres Berufsschulgebäude zur Aufnahme neuer technischer Maschinen erforderlich. Zur Einweihung erhielt die Ausbildungsstätte dann einen neuen Namen, der die Veränderung ausdrückt: »Höhere Fachschule für Textil- und Bekleidungsindustrie«. 1924 lernten hier über tausend Schülerinnen und Schüler. Die Schule war damals die größte ihrer Art in Europa.

Ludwig Hoffmann – mit Alfred Messel gut befreundet – ließ sich hier durch Messels angedeutete Säulenfront der hochgelobten Wertheim-Fassade in der Leipziger Straße inspirieren. Außerdem sollte die Fassade einen Hinweis auf das Gebäudeinnere geben, weshalb die Frontfläche »einem Gewebe« ähneln sollte. Heute wird das Gebäude als Hotel genutzt.

Die Geschichte der Glühlampe begann 1882, als Werner von Siemens eine Kohlefadenlampe entwickelt hatte und eine erste Glühlampenfabrik einrichtete. Ein Jahr später ließ auch Emil Rathenau für die von ihm gegründete »Deutsche Edison-Gesellschaft« ebenfalls eine Fabrik zur Herstellung von Glühlampen errichten. 1892 gelang es dem österreichischen Chemiker Carl Auer von Welsbach, der sieben Jahre zuvor schon den Gasglühstrumpf erfunden hatte, Osmium zu bearbeiten und das Patent darauf zu erwerben. Seine in Berlin gegründete »Deutsche Gasglühlicht AG« baute daraufhin 1898 in der Alten-Jakob-Straße die als »Auer-Hof« bekannte Glühlampenfabrik, in der die ersten Osmiumlampen produziert wurden. Als es seiner Firma, die inzwischen als »Auergesellschaft« firmierte, 1906 gelang, Glühfäden aus Wolfram herzustellen, war das die Geburtsstunde der »Lampenstadt« vor dem Stralauer Tor.

Der Vorteil der Metallfadenlampe gegenüber den bis dahin gebräuchlichen Kohlefadenlampen war erheblich. Ihre Lebensdauer war länger und die Lichtausbeute deutlich besser. Ein neuer Markenname wurde gesucht und gefunden: OSRAM – zusammengesetzt aus den Silben OSmium und WolfRAM. 1906 war Baubeginn für das neue Glühlampenwerk an der Warschauer Brücke. Es entstanden zwischen 1906 und 1914 ein Verwaltungskomplex und drei große mehrgeschossige Fabrikgebäude, die von den Architekten Hermann Dernburg und

Berlin, Osram-Werke, Dachgarten, Mai 1926

Theodor Kampffmeyer um mehrere Innenhöfe gruppiert wurden. Die Bauten entstanden alle in Skelettbauweise und wurden mit Ziegelmauerwerk verblendet. Die Stahlbetondecken ruhten auf Mittelstützen, um hohe Traglasten für die Aufstellung der notwendigen Maschinen zu gewährleisten.

Der auffälligste Bau des Ensembles war Berlins erster »Wolkenkratzer« mit elf Stockwerken über und drei Stockwerken unter der Erde« nach einem Entwurf von Theodor Kampffmeyer. Es war das sichtbare – und später auch leuchtende – Wahrzeichen der Glühlampenfabrik. Im Erdgeschoss eröffnete das »Oberbayern«, ein großes volkstümliches Restaurant in dem eine Trachtenkapelle für die entsprechende Stimmung sorgte.

Es begann ein unvorstellbarer Siegeszug des neuen Leuchtmittels. Millionen und Abermillionen Glühlampen wurden in den folgenden Jahren in unterschiedlichen Größen und für jeden Bedarf produziert und verkauft. Bald gelang es, die Brenndauer auf 5000 Betriebsstunden zu erhöhen – eine wichtige Entwicklung, da die Glühlampen in der Anfangszeit noch sehr teuer und somit ein Luxusartikel waren. Elektrisches Licht erhellte nun Wohnungen, öffentliche Gebäude, Arbeitsstätten, Straßen und die Stadt – die Lichtreklame war geboren. Die erste leuchtende Reklame machte 1910 Werbung für die Zigarettenmarke »Manoli«. Die Berliner staunten und empfanden ihre Stadt als »Elektrohauptstadt der Welt« – was natürlich stark übertrieben war.

Warschauer Brücke, im Hintergrund die Fabrikanlagen von OSRAM, 1930

1919 fusionierte Carl Auer von Welsbach mit den Glühlampenfabriken von Siemens & Halske und denen der Allgemeinen Elektricitäts-Gesellschaft (AEG). OSRAM bezeichnete nun nicht mehr nur das Produkt; der Name stand fortan auch für den Konzern, die OSRAM Kommanditgesellschaft. Da die Anmeldung des Warenzeichens fehlerhaft war, versuchten mehrere geschäftstüchtige Unternehmer daraus Kapital zu schlagen. Ein Füllfederhalterfabrikant hatte sich das Wort »OSRAM« als Produktnamen für ein neues Schreibgerät eintragen lassen, worauf OSRAM Einspruch erhob und eine Löschung erreichte. In vier weiteren Fällen einigte man sich außergerichtlich. Besonders geschäftstüchtig zeigte sich ein Zigarettenhersteller, der sein Vorhaben ankündigte, einer neuen Zigarettensorte den Namen »OSRAM« zu geben. Er bot in einem Schreiben an den »sehr geehrten Herrn Kommerzienrat OSRAM« an, auf den Markennamen zu verzichten, wenn OSRAM ihm dafür einen größeren Posten Zigaretten für die Belegschaft abkauft. Tatsächlich wurden 70.000 Zigaretten angekauft und zum Einkaufspreis an die Mitarbeiter abgegeben.

Nach Ende des Zweiten Weltkriegs und der folgenden Teilung Deutschlands wurde auch der OSRAM-Konzern geteilt. Das Glühlampenwerk in Friedrichshain wurde von der sowjetischen Militäradministration (SMAD) beschlagnahmt und dem »Lichttechnischen Büro des Ministeriums für Elektroindustrie der UdSSR« unterstellt. Im August 1946 begann dann der Aufbau des volkseigenen »Berliner

Glühlampenwerks« (BGW), in dem ab November wieder Glühlampen produziert wurden. Ab 1963 erhielten sie den Produktnamen »NARVA«, gebildet aus den Abkürzungen für Nitrogenium (Stickstoff), für Argon und für Vakuum. Zeitgleich wurde dem Hochhaus ein drehbarer Glasturm aufgesetzt, der den NARVA-Schriftzug über Friedrichshain erstrahlen ließ. Im Inneren des Leuchtwürfels befand sich die Teststation für Glühlampen. Am 1. Januar 1969 wurde aus dem »Berliner Glühlampenwerk« das Kombinat NARVA. Arbeiteten Anfang der fünfziger Jahre, nach Beseitigung der Kriegsschäden, in den Gebäuden bereits 2000 Menschen, waren es Mitte der sechziger Jahre 5000 Beschäftigte, die im Bereich der Glühlampenproduktion tätig waren.

Siemens hatte nach Kriegsende in Spandau ein neues OSRAM-Werk gegründet und vergebens versucht, über den Patentschutz den Verkauf von Ost-Glühlampen zu verbieten. Ironie der Geschichte des Kalten Krieges: In späteren Jahren ließ der West-Konzern große Mengen an Glühlampen bei NARVA produzieren, die dann mit dem Verpackungsaufdruck OSRAM in den Westen geliefert wurden.

Nach der Wiedervereinigung gingen 1992 in den NARVA-Hallen endgültig die Lichter aus. Die Produktion wurde eingestellt, der größte Teil der Mitarbeiter wurde beim Arbeitsamt vorstellig. Nach dem Verkauf der Werksgebäude begannen 1995 die Sanierungsarbeiten in der »Lampenstadt«. Die Gebäude mit ihren denkmalgeschützten Fassaden wurden vollständig entkernt, zum Teil erweitert und umgebaut. Im Jahr 2000 waren die Arbeiten abgeschlossen und seither nennt sich die einstige Lampenstadt »Oberbaum City«. In dem neuen Büro- und Geschäftsquartier haben sich inzwischen etwa 70 Firmen angesiedelt – 5000 Menschen werden hier aber nie wieder arbeiten.

Wir betreten die erste Hofanlage über den Durchgang links neben der ehemaligen Höheren Weberschule. Es ist der erste Fabrikbau und wurde, wie auch an der Fassade lesbar, 1909 erbaut. Sehr gefühlvoll sind die Braunschweiger Architekten Reichel und Stauth mit der historischen Bausubstanz umgegangen. Wie auch schon zu OSRAM-Zeiten sind die Gebäude nicht eingezäunt oder abgeschlossen. Besucher können sich in den Höfen – die wirklich sehenswert sind – frei bewegen. Scheuen Sie sich nicht davor, die Hofflächen aus Opalglas zu betreten: auch wenn es wie eine Eisbahn ausschaut, Sie werden nicht einbrechen. Der optische Höhepunkt kommt mit der einbrechenden Dunkelheit, wenn unter dem Glas die Beleuchtung eingeschaltet wird und Sie wie über einen Leuchtteppich schreiten. Dann leuchten auch die beim Umbau des alten Hochhauses aufgesetzten fünf glasverkleideten Etagen als permanente Lichtinstallation– jetzt fühlt sich der Besucher in die Zeit der einstigen »Lampenstadt« zurückversetzt.

Durch den zweiten Ausgang verlassen wir den Gebäudekomplex zur Naglerstraße, die als Sichtachse von der Spree auf das so weithin sichtbare Hochhaus dient und die Gesamtwirkung steigert. Bevor wir die nächste Hofanlage betreten, achten wir rechts auf das von Ludwig Hoffmann 1901 bis 1902 errichtete Lehrerwohnhaus der Gemeindedoppelschule, ein Klinkerbau, der durch seinen Spitzgiebel und angedeutete Türmchen auffällt. Der Stadtbaurat gruppierte hier auf einem Grundstück zwischen zwei Straßen drei Einzelbauten um eine Gartenfläche. Neben dem Lehrerwohnhaus und einer Halle, die als Turn- und Volkslesehalle diente, gab es das Schulgebäude, das nach dem Krieg durch einen Neubau ersetzt werden musste.

Durch den Eingang Naglerstraße 4 betreten wir die nächste Hofanlage. Von außen eine geputzte Fassade, zeigen sich in den Höfen wieder eindrucksvolle Klinkerfassaden. Die Gebäude gruppieren sich hier um vier Höfe, in deren Mitte jeweils ein von Wasser überronnener, monumentaler Tuffsteinblock zu bestaunen ist. Der Hamburger Landschaftsarchitekt Gustav Lange hatte die Idee »kraftvolle Stücke Natur in urbane Umgebung einzupflanzen«. So ließ er in Slowenien insgesamt 42 Kubikmeter Kalksinther Tuffstein aus dem Berg schneiden, aus denen später die vier Würfelblöcke mit einer Kantenlänge von drei Metern wurden. Wer erstmals vor den steinernen Ungetümen steht, die genau so groß sind wie die auf die Höfe führenden Durchgänge, fragt sich, wie es gelang, die Blöcke auf die Höfe zu bekommen. Wer genau hinschaut, erkennt, dass die Würfel jeweils aus vier Einzelblöcken bestehen, die zentimetergenau zusammengesetzt wurden – eine logistische Meisterleistung. Das an allen Seiten hinab rieselnde Wasser stammt nicht von den Berliner Wasserwerken – es kommt von oben. Das Regenwasser plätschert aus den angezapften Regenrinnen auf die Steinblöcke und wird in einer Zisterne gesammelt. Anschließend sorgt eine Pumpe regenunabhängig für eine gleichmäßige Wasserverteilung. Im Laufe der Zeit sollen sich Moose und Farne auf den porösen Oberflächen ansiedeln, um so urtümliche Natur in die Gewerbehöfe zu bringen – ein Kontrast zur Industriearchitektur. Eine faszinierende Idee, die noch nicht hundertprozentig funktioniert. Zwar gibt es an manchen Stellen schon eine leichte Bemoosung, und auch einige Farne zeigen sich. Dazwischen bilden sich aber immer wieder bräunliche Algenschlieren, die das Ansetzen von Mooskissen verhindern. Fazit: die Natur lässt sich nicht total planen, man muss ihr die notwendige Zeit geben. Bedingt durch Wasser und Frost bröckelt an einigen Stellen der Stein, was aber gewollt ist – »der Stein lebt«, sagt Gustav Lange.

Nach Verlassen der Hofanlage befinden wir uns in der Ehrenbergstraße, die nach dem Erfinder des Mikroskops benannt ist, und gehen nach links. Hinter der Rotherstraße steht auf der linken Seite der dritte Gebäudekomplex des Glühlampenwerks (Nr. 17-18). Sein hoher geschwungener Giebel ist als Schaufassade vom Bahnhof und aus den Zugfenstern gut sichtbar. Auf der anderen Straßenseite steht das 1913 bis 1914 von Hermann Dernburg errichtete Gebäude der »Lampenstadt« (Nr. 11-14). Der große Erfolg der hier produzierten Glühlampen hatte einen zusätzlichen Verwaltungsbau notwendig gemacht.

Zwischen dem geschwungenen Giebel und dem Bahngelände hinter der Rudolfstraße ist ein lang gestreckter, zweigeschossiger Klinkerbau zu sehen. Die sogenannte Rudolfhalle hat Alfred Grenander 1907 als Verwaltungsbau mit Depot für die Berliner Verkehrsbetriebe errichtet. Die schon von außen sichtbaren genieteten Stahl-Fachwerkbinder sind auch bei den Bauten des nahen U-Bahnhofs Warschauer Straße zu finden. Seit Abschluss der Restaurierung des Gebäudes sind neben Büros und Veranstaltungsräumen auch ein Supermarkt und ein Sportstudio untergebracht.

Jetzt geht es nach rechts in die Rudolfstraße. Auf der linken Seite die 1883 errichtete Pumpstation XII (Nr. 15) die ein noch heute betriebenes Denkmal ist. Die Anlage besteht aus Kessel- und Maschinenhaus sowie Beamtenwohnhaus und Verwaltungsgebäude. Hier fließen die Abwässer von Friedrichsberg, Boxhagen und Stralau zusammen, bevor sie von den 1910 installierten Zwillingspumpen mit 320 PS auf die Rieselfelder vor der Stadt gepumpt werden.

Der Rudolfplatz ist das Zentrum des Stralauer Viertels. Er wird dominiert von der auch von Ludwig Hoffmann zwischen 1909 und 1913 errichteten Gemeindedoppelschule (Grund- und Oberschule) sowie der auf einem Eckgrundstück errichteten Zwinglikirche. 1903 legte der Architekt Jürgen Kröger dem Gemeindekirchenrat seine Entwürfe vor, die einen Klinkerverblendbau vorsahen, der sich hervorragend in die Wohnbebauung am Platz einfügen sollte. Bis dahin feierte die Gemeinde ihre Gottesdienste in einer kleinen Holzkapelle, die frei auf dem Platz stand. Sie wurde noch mit »atemraubenden Karbidlampen« beleuchtet, die einige Kirchenbesucher nah an einen »Ohnmachtsanfall« gebracht haben sollen.

Am 29. April 1906 konnte dann endlich der Grundstein für das neue stattliche Gotteshaus – mit immerhin 1086 Sitzplätzen – gelegt werden. Nach knapp zweijähriger Bauzeit kam es zur Einweihung, bei der das Kronprinzenpaar sowie die Gesandten der Schweiz und Schwedens anwesend waren. Der Kirchenbau war von Kaiserin Auguste Viktoria finanziell gefördert worden, aber erst die Spenden wohlhabender Gemeindemitglieder und der im Viertel ansässigen Industrie machten eine großzügige Ausstattung möglich. So wurde zum Beispiel die gesamte elektrische Beleuchtung von der Auer-Gesellschaft (später OSRAM) gestiftet. An den Namenspatron, den Reformer Johannes Zwingli, erinnert eine lebensgroße Skulptur neben dem Haupteingang, ein Werk des Bildhauers Martin Götze.

Vor 1989 diente die Kirche als Bücherlager der Staatsbibliothek. Nach der Wende wurde das Gotteshaus vorübergehend wieder kirchlich genutzt. Heute bemüht sich der Verein »Kulturraum Zwingli« mit dem Bau dem Viertel einen Kunst- und Kulturraum zu geben. Es werden Veranstaltungen und Kulturprojekte organisiert, um die Kirche wieder in das Bewusstsein nicht nur der Friedrichshainer zurückzubringen. Die zuvor genutzte Holzkapelle wurde nach Fertigstellung der Kirche vorsichtig am Rudolfplatz abgebaut und in Friedrichsfelde als Friedhofskapelle wiedererrichtet.

Neben dem Eingang zum Gemeindehaus stehen zwei originale Mauersegmente, die an die Teilung Berlins erinnern. Ältere Bewohner des Viertels erinnern sich noch gern an ein Ereignis vor dem Mauerbau. An einem Wochenende des Jahres 1947 kam buntes Leben auf den sonst eher ruhigen Rudolfplatz. Die Artisten der »Camilla-Mayer-Truppe« boten den zahlreich erschienenen Zuschauern spektakuläre Hochseilakrobatik. Höhepunkt der Darbietungen war eine Fahrt mit einem Motorrad auf einem Drahtseil. Ein Seilende war am Boden verankert, das andere Ende war am Glockenstuhl der Zwinglikirche befestigt worden. Camilla Mayer fuhr von unten mit einem Motorrad hoch zum Kirchturm und vollbrachte dabei diverse Kunststücke – die Zuschauer waren begeistert.

Camilla Mayer hieß mit bürgerlichem Namen Ruth Hempel und war zu »Mayers Hochseiltruppe« nach dem Tod ihrer Vorgängerin Lotte Witte gekommen. Diese war am 20. Januar 1940, bei der Show »Menschen – Tiere – Sensationen« in der Berliner Deutschlandhalle, von einem 20 Meter hohen Stahlmast gestürzt und dabei zu Tode gekommen. Als später mehrere Artisten die Truppe verließen, gründete Ruth Hempel die »Camilla-Mayer-Truppe«. Der Auftritt am Rudolfplatz diente der Werbung für den 1947 gedrehten Film »Artisten unter den Wolken«.

Wir verlassen den Platz und folgen der Danneckerstraße. Nach Überqueren der Stralauer Allee erreichen wir das Spreeufer. Der Blick über die Spree ist zu jeder Jahreszeit reizvoll. Links sehen wir im Hintergrund die Elsenbrücke, neben der aus dem Gebäudeensemble »Treptowers« eines der höchsten Gebäude der Stadt herausragt. Vor dem 125 Meter hohen Bau steht mitten in der Spree die 30 Meter ho-

Schlesische Brücke über den Landwehrkanal in Berlin, 1896. Foto: Hermann Rückwardt

he Aluminiumskulptur »Molecule Man« des kalifornischen Künstlers Jonathan Borofsky. Seine drei »Riesen« treffen an der Schnittstelle der Ortsteile Kreuzberg, Friedrichshain und Treptow symbolisch aufeinander. Der Künstler will aber mit der Skulptur auch bewusst machen, dass der Mensch aus Molekülen besteht, weshalb er die drei Aluminiumkörper wie einen Schweizer Käse durchlöchert hat.

Zwischen der Elsen- und Oberbaumbrücke zeigt sich die Spree erheblich breiter und einem Hauptstadtfluss würdig. Von hier aus – noch vor dem »Molecule Man« – ist die Wagenhalle eines ausgedienten Autobusdepots zu sehen, die seit Jahren als »Arena« zu den beliebten Konzert- und Kulturveranstaltungsorten zählt. Zur »Arena« gehört auch ein in der Spree verankerter Schleppkahn, der zum schwimmenden Schwimmbad in der Spree umgebaut wurde und so die Tradition der einstigen Spreebäder fortsetzt. Im Winter wird aus dem schwimmenden Pool eine futuristische Saunalandschaft. Eine geschwungene Dachkonstruktion aus zum Teil durchsichtigen Membranen garantiert auch bei Eiseskälte ein angenehmes Klima – Panoramablick auf Osthafen und Fernsehturm inklusive. Das vor der Veranstaltungshalle festgemachte Restaurantschiff »Hoppetosse« gehört ebenfalls zum »Kulturkonzern«.

Genau gegenüber erkennen wir die Lohmühleninsel. Sie entstand im Zuge der Anlage des Landwehrkanals und des Flutgrabens an der Einmündung in die Spree. Schlesische Brücke und Obere Freiarchenbrücke verbinden Kreuzberg und Treptow miteinander. Schiffe, die von der Spree aus in den Landwehrkanal einbiegen wollen, müssen bei der

Berlin Osthafen, Speichergebäude von Friedrich Krause, 1913

Lohmühleninsel die Obere Schleuse passieren. Sie ermöglicht auch die Durchfahrt zum Neuköllner Schifffahrtskanal. Der Inselname erinnert daran, dass hier 1752 zwei Windmühlen errichtet wurden, die kein Getreide, sondern gerbstoffhaltige Baumrinden zerkleinerten. Als Mahlgut erhielt man Lohe, die zur Herstellung von Lohsäure diente. Diese Loh- oder Gerbsäure wurde zur Aufbereitung von Rohhäuten für die Lederverarbeitung eingesetzt.

Am 6. September 1907 wurde auf unserer Seite der Spree, in Gegenwart des Stadtbaurats Friedrich Krause und mehrerer Stadtbaumeister und Bauunternehmer, der erste Pfahl in den Uferbereich eingerammt – der schon lange geplante Bau des Osthafens konnte nun endlich beginnen. Ein ganzes Jahrzehnt war um den Bau des ersten städtischen Hafens, zwischen dem preußischen Staat und der Kaufmannschaft, gestritten und gefeilscht worden. Dabei konnte sich die Stadt eine so lange Auseinandersetzung um den Ausbau Berlins zur Hafenstadt gar nicht leisten, da seit Mitte des 19. Jahrhunderts ein gewaltiger städtebaulicher »Boom« eingesetzt hatte. Die Einwohnerzahlen waren in die Höhe geschnellt, von etwa 330.000 im Jahre 1840, auf 2.712.000 im Jahre 1900. All diese Neuberliner brauchten Wohnungen, die in kürzester Zeit errichtet werden mussten. Obwohl sich der Eisenbahnverkehr stark entwickelt hatte, lag der Baustofftransport fast ausschließlich in den Händen der Binnenschifffahrt. Nicht umsonst sagt man: »Berlin wurde aus dem Kahn gebaut«. Die Mengen an Steinen, Kalk, Kies und Sand, die auf dem Wasser transportiert wurden, waren gewaltig. Zwischen 1900 und 1910 kamen jährlich rund drei Milliarden

Steine aus den brandenburgischen Ziegeleien über Spree und Havel nach Berlin. Um den stark gestiegenen Verkehr auf dem Wasser überhaupt bewältigen zu können, war in den vergangenen Jahrzehnten das Wasserstraßennetz ausgebaut worden. Landwehrkanal, Luisenstädtischer Kanal, Berlin-Spandauer Schifffahrtskanal und Charlottenburger Verbindungskanal hatten die Transportwege für Lastschiffe erheblich verbessert. Was noch fehlte waren Häfen und Entladestellen für die transportierten Güter.

Die Entwürfe für den Hafen hatte Friedrich Krause geliefert, der das Amt des Stadtbaurats von James Hobrecht übernommen hatte. Im Oktober 1908 war die 1400 Meter lange Kaimauer fertiggestellt. Dann führten diverse Schwierigkeiten, die alle nichts mit dem Bau selbst zu tun hatten, zu einem zweijährigen Baustopp. 1913 ging dann der Osthafen endlich in Betrieb. Von nun an herrschte reger Schiffsverkehr, es wurde rangiert, geladen und gelöscht – der Hafen erwies sich als großer Erfolg.

1962, ein Jahr nach dem Mauerbau, errichteten die Grenzorgane der DDR in der Flussmitte einen Grenzzaun mit Wachturm, um die Hafenanlagen und die nach West-Berlin führende Einmündung des Landwehrkanals besser überwachen zu können. Der Grund für die Baumaßnahme war eine spektakuläre »Republikflucht«, die mit der Entführung des Ausflugsschiffes »Friedrich Wolf« am 8. Juni 1962 im Treptower Hafen begann.

Nach einer Spreerundfahrt am Vortag hatte das Ausflugsschiff der »Weißen Flotte« in Treptow wieder angelegt. Da für die nächsten Tage Überholungsarbeiten vorgesehen waren, bereitete die Besatzung die Arbeiten noch vor, um dann den Tag mit einem Umtrunk an Bord, zu dem sich noch einige Gäste einfanden, zu beenden. Vom Alkohol benebelt, legten sich der Kapitän und sein Maschinist um Mitternacht schlafen. Gegen fünf Uhr am nächsten Morgen drangen vier Männer in die Kabine des Kapitäns ein, fesselten ihn und auch den Maschinisten und starteten anschließend das Schiff mit Kurs zum Osthafen. Normalerweise war die Zufahrt gesperrt, da sich der Hafen im Grenzgebiet befand. Das Ausflugsschiff hatte für diesen Tag aber eine Sondergenehmigung, um mit Hilfe eines Krans im Hafen neue Transformatoren, die für die Reparatur notwendig waren, an Bord zu nehmen.

Vor der Hafeneinfahrt wurde die Sondergenehmigung von Grenzpolizisten kontrolliert, die mit ihrem Polizeiboot die Einfahrt versperrten. Anschließend fuhr die »Friedrich Wolf« langsam an die Kaianlagen heran, um dann aber plötzlich zu beschleunigen. Sie nahm nun Kurs auf die andere Spreeseite, um dort in den Landwehrkanal einzubiegen – also nach West-Berlin. Das Polizeiboot nahm die

Verfolgung auf, um das Ausflugsschiff zu stoppen. Die Grenzpolizei schoss nun auf den Schiffsführerstand, den die Entführer aber mit Stahlplatten gesichert hatten. Auch von der Oberbaumbrücke wurde nun scharf geschossen. Die Flüchtenden steuerten unbeirrt auf die Schleuseneinfahrt zu und setzten das Schiff an die schon zum Westteil der Stadt gehörende Böschung der Lohmühleninsel. Die »Friedrich Wolf« saß nun fest, wobei sich das Heck noch im Ostteil befand. Als Grenzpolizisten das Schiff entern wollten, eröffneten West-Polizisten das Feuer mit Warnschüssen vor den Bug des Wachbootes, das daraufhin abdrehte.

138 Schüsse waren auf das Ausflugsschiff abgegeben worden. Die Flucht hatte insgesamt fünfzehn Minuten gedauert. Von den dreizehn Flüchtlingen, darunter ein Baby, wurde zum Glück niemand verletzt. Dem Kapitän und seinem Maschinisten wurde freigestellt, ob sie im Westen bleiben oder zurückkehren wollten. Sie entschieden sich für die Rückkehr und brachten später das Ausflugsschiff wieder nach Ost-Berlin. Der Vater des Babys, er hatte als Koch auf der »Friedrich Wolf« gearbeitet, war der Initiator der spektakulären Flucht. Das Baby selbst – Uwe-Jens Lindner – arbeitet heute beim WDR, er produzierte den Film »Hart backbord – letzte Ausfahrt West-Berlin«, die Geschichte der Flucht, 2006.

Diese einstige Grenzsperranlage, mitten in der Spree, soll als Erinnerung an die »Merkwürdigkeiten« des Kalten Krieges erhalten bleiben. Allerdings sollen später auch Freizeitkapitäne mit ihren Schiffen dort festmachen können, um ein Restaurant am Wasser zu besuchen. Der Freizeitwert der Spree soll somit noch gesteigert werden.

Sobald wir – von der Danneckerstraße aus kommend – an das Ufer der Spree herangetreten sind, sehen wir vor uns ein Ponton, dass zum Projekt »Spree 2011« gehört. Ralf Steeg und sein Botanisches Büro haben seit 2002 einer verblüffenden Idee den Weg geebnet: Sein Gedanke war, die Spree sollte durch seine Idee sauberer werden, damit man vielleicht im Jahr 2011 wieder in ihr baden kann. Passieren sollte das ohne den Einsatz von Chemie, ohne aufwändige Filteranlagen und mit relativ geringem Finanzaufwand. Bei Starkregen – den gibt es jährlich 20 bis 30 Mal – fließt, wenn die Regenwasser-Rückhaltebecken schnell voll sind, ein Gemisch aus verschmutztem Regenwasser, Straßenstaub und Abwasser aus Haushalten ungefiltert in die Spree, was zu starker Verschmutzung führt. Verhindert werden soll das durch ein Modulsystem aus miteinander verbundenen Behältern, die vor den Einleitungspunkten der Kanalisation, unterhalb der Wasseroberfläche, auf dem Boden der Spree verankert werden. Bei starkem Regen soll das aus der Kanalisation schwemmende Regenwassergemisch zuerst in die Behälter fließen. Haben sich nach einigen Stunden Sand und Schmutz auf dem Boden der Tanks abgesetzt, wird das gereinigte Wasser in den Fluss geleitet und der sich abgesetzte Sand vollautomatisch abgepumpt. Die Genehmigung des Projekts, verbunden mit finanziellen Zusagen, zog sich in die Länge, so dass 2011 auf das Bad in der Spree noch verzichtet werden musste. 2012 war dann Baubeginn. Statt einer Grundsteinlegung wurde der erste Rammschlag gefeiert und bald auch die ersten Behälter zu Wasser gelassen und verankert. Gebaut wird vorerst eine Pilotanlage, die unter Wasser eine Fläche von 50 mal neun Metern benötigt, was der Größe des Pontons entspricht.

Seit 1990 ging der Hafenbetrieb immer weiter zurück. Die fünf Kräne, der größte ist 49 Meter hoch und kann Lasten bis zu 25 Tonnen bewegen, drehten sich immer weniger, und Stückgut wurde kaum noch umgeschlagen. Daraufhin beschloss der Betreiber, die »Berliner Hafen- und Lagerhaus-Betriebe« (BEHALA), eine Umnutzung der bestehenden Hafengebäude. Seither entwickelte sich der einst drittgrößte Hafen Berlins zu einem Medienstandort – der sogenannten »Mediaspree«. Im einstigen Kraftwerk am östlichen Rand des Hafengeländes, das den Hafenbetrieb mit Energie versorgte, hat ein Verlag sein Domizil gefunden. In eine der alten Lagerhallen (Stralauer Allee 7) ist die Fernsehsenderfamilie MTV-Networks eingezogen und im 1929 nach Entwurf von Oskar Pusch fertiggestellten »Eierkühlhaus«, nah der Oberbaumbrücke, hat sich »Universal Music«, einer der größten deutschen Musikproduzenten, nach ihrem Umzug 2002 von Hamburg nach Berlin etabliert. Auch die kleineren Hafengebäude sind bereits ausgebaut. In verschiedenen Showrooms präsentieren sich Modelabels und zusätzliche Neubauten sind in Planung. Die Nachfrage nach Grundstücken mit »Spreeblick« ist groß und kann nicht im gewünschten Umfang gestillt werden. So wird es auch in den kommenden Jahren weitere Auseinandersetzungen um die Uferbebauung und den öffentlichen Uferbereich geben.

Neben uns ein Hotelneubau. Von der Stralauer Allee sieht er bei weitem nicht so spektakulär aus wie von der Wasserseite, wo vom Dach des Gebäudes ein weiterer Baukörper über die Fassade hinweg zur Spree hinausragt. Das Besondere dieses Hotels beschreibt ein Flyer: »nhow steht für eine neue Generation von Hotels: unkonventionell, lebensbejahend, ständig in Bewegung, lokal verortet und in der Welt zu Hause. Hier dreht sich alles um Musik und Design und als einziges Hotel in Europa bietet das nhow Berlin zwei professionelle Musikstudios. Im nhow Berlin zieht sich Musik wie ein roter Faden durch das Hotel. Geschäftsreisende Kosmopoliten, internationale Jetsetter,

Bau der Oberbaumbrücke über die Spree in Berlin, 1895. Foto: Hermann Rückwardt

Nachtschwärmer und angesagte Bands – was alle vereint, ist die Liebe zur Musik. Eine Leidenschaft, die wir kompromisslos teilen und in jedem Bereich des Hotels so angenehm wie möglich inszenieren. Deshalb beschäftigen wir z.b. einen hauseigenen nhow-Musikmanager, bieten einen Gitarren- und Keyboard-Roomservice und ermöglichen Musikveranstaltungen oder Live Sessions im Silent Rehearsal Room an. Nicht zu vergessen die integrierten High-End-Tonstudios mit Panoramablick über Berlin – in Kooperation mit den legendären Berliner Hansa Tonstudios. Let's rock it!«

Nach dieser geballten Werbung gehen wir nun in Richtung Oberbaumbrücke. Zwischen den ehemaligen Speichern steht eine elf Meter hohe Skulptur des Künstlers Olaf Metzel, die heute nur noch wenige Passanten aufregt. 1987 war das anders. Die Stadt feierte damals ihren 750. Geburtstag und West-Berlin spendierte sich auf dem Kurfürstendamm einen »Skulpturenboulevard«. Insbesondere eine Skulptur nah der Kreuzung an der Joachimstaler Straße erregte damals viele Gemüter und führte zu erheblichen Protesten.

Der Künstler Olaf Metzel hatte seine Skulptur nach einem Foto entwickelt, das er am 13. April 1981 im Anschluss an eine Demonstration aufgenommen hatte. Das Kunstwerk besteht aus überdimensionalen zu einem Turm gestapelten Polizeiabsperrgittern, Pflastersteinen und einem Einkaufskorb aus dem Supermarkt. Es löste damals, verstärkt durch die Medien, einen wahren Sturm der Entrüstung aus. Das so geschmähte Kunstwerk musste nach kurzer Zeit am Joachimstaler Platz abgebaut werden und wurde eingelagert. Nachdem die

Skulptur »13. April 1981« fast zwanzig Jahre aus dem Stadtbild verschwunden war, fand sie hier einen neuen Aufstellungsort – und niemand regt sich heute noch über das Kunstwerk auf.

Die Oberbaumbrücke gehört für mich zu den schönsten Brücken der Stadt. Als Berlin noch von einer Stadtmauer umgeben war, diente eine 1724 gebaute Holzbrücke als Zollgrenze. Damit Schiffe nachts nicht heimlich mit ihren unversteuerten Waren in die Stadt hineinfahren konnten, wurde bei Einbruch der Dunkelheit ein Baumstamm (der Oberbaum), an Ketten befestigt, auf das Wasser abgesenkt, der so eine Durchfahrt verhinderte. An der Stadtausfahrt gab es entsprechend einen Unterbaum, der sich am westlichen Ende des Schiffbauerdamms, auf Höhe der Unterbaumstraße befand.

Der Brückenneubau wurde 1896 zur Gewerbeausstellung im Treptower Park errichtet und war für die Ausflugsschiffe das repräsentative Eingangstor zur Ausstellung. Der Entwurf von Otto Stahn sollte auch an ein mittelalterliches Stadttor erinnern. Stahn integrierte in die Planung ein separates Viadukt für die erst 1902 eröffnete Hochbahnlinie. Nach dem Mauerbau wurden, auf Ost-Berliner Seite der Brücke, die Gleise der U-Bahn an der Stralauer Allee kurzerhand durchtrennt. Von da an war auf westlicher Seite der Bahnhof Schlesisches Tor Endstation. Der nun stillgelegte Endbahnhof Warschauer Brücke wurde bis Ende 1994 als Lagerhalle für das Berliner Glühlampenwerk genutzt.

An den Ufern der Spree gibt es seit einigen Jahren mehrere Strandbars, die bei angenehmem Sommerwetter mit weißem Sand, Sonnenschirmen und Liegestühlen wahre Großstadt-Oasen sind. Außerdem gibt es Restaurantschiffe, die maritimes Flair verbreiten. Nahe der Oberbaumbrücke hat das Hotelschiff »Eastern Comfort« festgemacht. Der Besitzer, ein gelernter Architekt, hat vor einigen Jahren ein altes Ausflugsschiff erworben und es zu einem Backpacker-Hostel ausbauen lassen. Ursprünglich gedacht für junge Rucksacktouristen, übernachten mittlerweile alle Altersgruppen auf dem Schiff. Die Gäste sind begeistert von einem Frühstück auf der Spree und dem nächtlichen Blick auf die Oberbaumbrücke. Der Transport des Schiffes zu seinem heutigen Liegeplatz war nicht einfach, da zuvor alle Decksaufbauten entfernt werden mussten, um ganz knapp die mittlere Durchfahrt der Oberbaumbrücke passieren zu können.

Vielleicht nutzen Sie nun die Möglichkeit zu einer Einkehr, bevor Sie die inspirierende Stadtlandschaft wieder verlassen. Suchen Sie aber dann nach einem Ort, von dem Sie auf die Spree schauen und die wunderschöne Silhouette bewundern können.

Prenzlauer Berg

Wasser, Bier, Wein und kleine Brötchen
Eine Besteigung

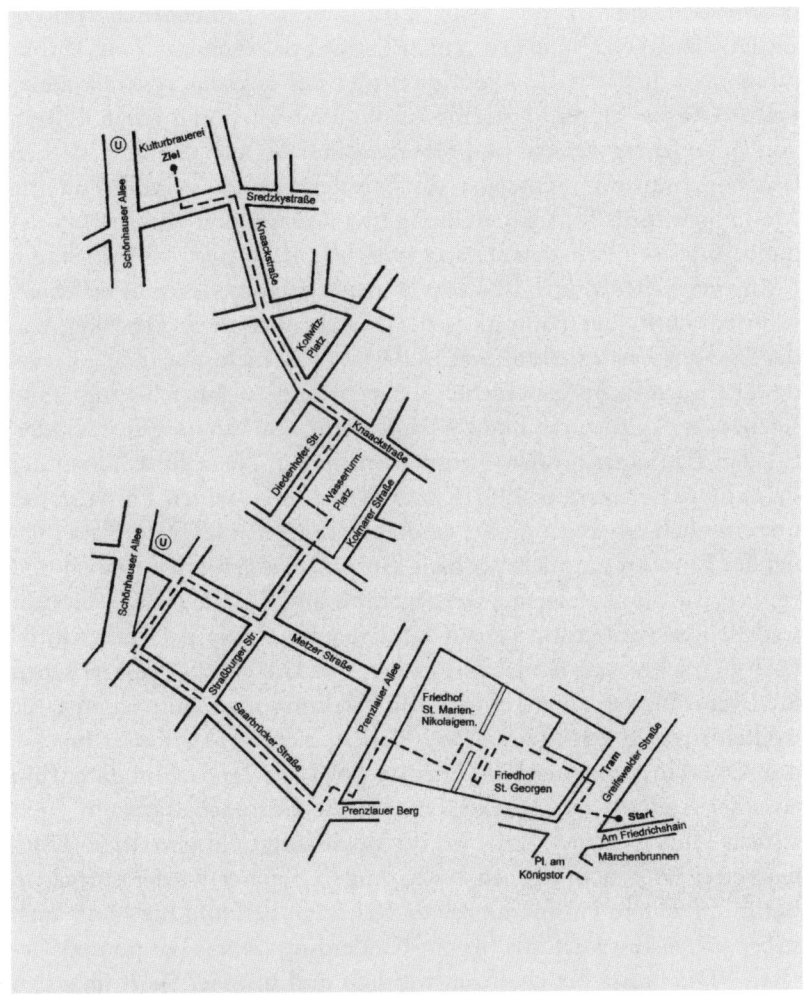

Ausgangspunkt: Am Märchenbrunnen, Platz am Königstor, Ecke Greifswalder Straße
Endpunkt: Sredzkistraße, Ecke Knaackstraße

Wo beginnen wir den Aufstieg zum Prenzlauer Berg? Wir nähern uns aus östlicher Richtung, aus Friedrichshain, da wo die Luft besonders frisch ist, vom äußersten Rand der »grünen Lunge« des einstigen Arbeiterbezirks. Der Volkspark Friedrichshain entstand 1846 als erste kommunale Grünanlage Berlins. Nach Ideenskizzen von Peter Joseph Lenné, dem wir bekanntlich viel gestaltetes Grün zu verdanken haben, hatte 1840 die Berliner Stadtverordnetenversammlung beschlossen, einen Erholungspark für den dicht besiedelten Berliner Osten anzulegen. Anlass zur guten Tat war das einhundertste Thronjubiläum Friedrichs II. Die Gestaltung des ältesten Parkteils übernahm Gustav Meyer, der seine Ausbildung im Botanischen Garten von Schöneberg erhielt und sie anschließend bei der Königlichen Gärtnerlehranstalt Sanssouci als Schüler Lennés vervollständigte. Meyer gewann die Ausschreibung zur Anlage des Volksparks, der dann unter seiner Federführung zwischen 1846 und 1848 entstand.

Am westlichen Zipfel des Parks befindet sich das vielleicht beliebteste Friedrichshainer Bauwerk – der Märchenbrunnen. Der Weg von der Idee zur Fertigstellung war in diesem Fall nicht nur lang, es wurde eine unendliche Geschichte, die sich über 16 Jahre hinzog. 1896 setzte sich Stadtbaurat Ludwig Hoffmann, im Interesse der Kinder, für den Bau einer großen Brunnenanlage ein. Nach fünf Jahren der Planung präsentierte er 1901 Kaiser Wilhelm II. seinen Entwurf, der ursprünglich erheblich größer und aufwändiger war. Dem Kaiser gefiel der Entwurf gar nicht, er hielt ihn für unangemessen protzig und verweigerte demzufolge die Baugenehmigung. Da die Anlage aber auf städtischem Parkterrain gebaut werden sollte, hatte der Kaiser juristisch betrachtet gar kein Mitspracherecht. Die sozialdemokratischen Stadtverordneten waren ob der Einmischung nicht nur empört, sie wollten sogar gegen Majestät vor Gericht ziehen. Der Kaiser brachte nun Oberbürgermeister Kirschner ins Spiel, der Hoffmann daraufhin zu einer Audienz einbestellte. Das »ernste Gespräch« fand im Jagdschloss Hubertusstock statt, wo der Stadtbaurat ein gewaltiges Donnerwetter über sich ergehen lassen musste. Später wieder zurück in Berlin, pflichtete Hoffmann seinen Kritikern bei, und hielt nun auch selbst seinen Entwurf »als für ein Kinderding« etwas »zu pompös geraten«. Die Presse berichtete ausführlich und mit viel Spott über den »Fall Märchenbrunnen«, meist begleitet von derben Karikaturen. Eine dieser Zeichnungen zeigte den Kaiser von hinten mit entblößtem Hinterteil, an das eine Leiter gelehnt war, die von einem winzigen Ludwig Hoffmann bestiegen wurde.

Hoffmann plante neu, nun etwas kleiner, aber es passierte ewig nichts. Erst 1907 begannen Bildhauer und Steinmetze mit der Arbeit.

Märchenbrunnen, Architekt: Ludwig Hoffmann, Foto: Waldemar Titzenthaler

Es entstanden 106 Bildwerke aus Euviller Kalkstein. Im Wasserbecken speien Froschkönig und seine Gesellen eifrig Wasser, und an den Beckenrändern stehen zehn bekannte Figuren Grimmscher Märchen, die der Bildhauer Ignatius Taschner geschaffen hat. Angeblich hat der einem bebrillten Zwerg, auf Schneewittchens Schoß, eine gewisse Ähnlichkeit mit dem Maler Adolph von Menzel mitgegeben. Vermutlich ist an der Geschichte gar nichts dran – wobei durch den im Verhältnis zum Körper großen Kopf schon eine gewisse Ähnlichkeit – nein, Unfug. Weitere Skulpturen stammen von Josef Rauch und Georg Wrba. Bei der Einweihung 1913 war der vorangegangene Ärger schnell vergessen – die Berliner waren stolz auf die stattliche Brunnenanlage, und die Begeisterung bei den Kindern war groß – und ist es bis in die heutige Zeit.

Verlassen wir den vor einigen Jahren restaurierten Märchenbrunnen, befinden wir uns nah dem Platz am Königstor, der meist nur als große Kreuzung wahrgenommen wird. Hier stand einmal das Königstor, eines von 14 Toren der letzten Stadtmauer, einer Akzisemauer, die der »Soldatenkönig« Friedrich Wilhelm I. 1732 um die damalige Stadt ziehen ließ. Die Mauer sollte nicht mehr der Verteidigung der Stadt dienen, sie war eine Zollgrenze, die zudem die Desertion von Soldaten der Berliner Garnison verhindern sollte. Anfangs hieß das Stadttor noch »Bernauisches Thor«, wurde dann aber durch Kabinettsorder vom 10. April 1810 in Königstor umbenannt. Der Grund war die Rückkehr des preußischen Königs Friedrich Wilhelm III. und seiner Frau Luise, die auf ihrer Rückreise von Königsberg in Ostpreußen, wohin sie vor Napoleon geflohen waren, durch dieses Tor wieder nach Berlin zurückkehrten. Hier wurden sie vom Magistrat der Stadt, unter Führung des Oberbürgermeisters Leopold von Gerlach, den Stadtverordneten und der hohen Geistlichkeit Berlins empfangen und von der Bevölkerung bejubelt.

1867 begann der Abriss der Zollmauer, die für eine sich ausdehnende Stadt immer mehr zum Hindernis wurde. Nach und nach verschwanden so auch alle Stadttore – bis auf das Brandenburger Tor. Heute führen fünf Straßen auf den Platz am Königstor zu, wobei die Friedenstraße noch deutlich den Verlauf der einstigen Akzisemauer zeigt.

Nah dem Platz ragt der Turm der 1858 nach Plänen von August Stüler fertiggestellten Bartholomäuskirche förmlich aus den Bäumen. Das Gotteshaus steht auf einem Hügel, der einmal Leßmannscher Weinberg hieß, und einer von mehreren Weinbergen Berlins war. Am Fuß des Hügels, nah der Otto-Braun-Straße, ist das Denkmal für Karl Alexander Freiherr von Blomberg (1788-1813) zu entdecken. Der hier Geehrte trat im zarten Alter von zwölf Jahren in den preußischen Militärdienst ein, kämpfte in der Schlacht bei Jena und schloss sich später dem Schillschen Freikorps an. Nach dem preußisch-französischen Bündnisvertrag trat Blomberg 1812 in die Russisch-Deutsche Legion ein. Mit einer Kosakenabteilung ritt er am 20. Februar 1813 in das französisch besetzte Berlin ein, um die Bewohner zum Aufstand gegen die napoleonischen Besatzer zu bewegen – eine Fehleinschätzung. Schnell mussten sich die russischen Reiter wieder zurückziehen und wurden dabei nahe dem Königstor in ein Gefecht verwickelt, in dessen Verlauf der fünfundzwanzigjährige Freiherr fiel. Die Inschrift auf dem Stein ehrt ihn als »erstes Opfer in den deutschen Freiheitskriegen« – eigentlich etwas früh, da Preußen erst einen Monat später, am 27. März 1813, Frankreich den Krieg erklärte.

Nach Überqueren der Greifswalder Straße betreten wir bei Nummer 229 den Ersten Friedhof der St. Georgen-Parochialgemeinde. Gleich hinter dem Eingang auf der rechten Seite des Weges ein Grabstein, dessen Porträtmedaillon den Kopf des Theaterdirektors Franz Wallner (1810-1876) zeigt. Der gebürtige Wiener begann als Schauspieler und gastierte auf zahlreichen Bühnen, bis er 1851 die Direktion der Theater von Freiburg und Baden-Baden übernahm. 1864 kam er nach Berlin und kaufte das fast verfallene Königstädtische Theater, das er in Wallner-Theater umbenannte. Er führte es als Volkstheater und pflegte die Berliner Posse. Neben eigenen Werken brachte Wallner fast alle Stücke seines Freundes David Kalisch auf die Bühne. Dieser, ein gelernter Kaufmann, führte seine literarische Tätigkeit lange Zeit neben dem Beruf aus. Kalischs Schwänke und Possen fanden in Berlin so großen Beifall, dass er bald den Kaufmannsberuf aufgeben konnte. Franz Wallner verpachtete nach vier Jahren sein Theater an den Schauspieler Theodor Lebrun, um anschließend seiner Reiselust nachzukommen, die er auch schriftstellerisch verwertete. Auf einer seiner Reisen verstarb er 1876 in Nizza, von wo er nach Berlin überführt wurde.

Nun geht es aufwärts, was von der Greifswalder Straße aus gar nicht zu sehen war. Auch hier wurde einmal Wein angebaut, bis eine extrem kalte Winternacht im 18. Jahrhundert alle Weinstöcke in Berlin und Umgebung durch Frost vernichtete. 1814 kaufte dann die Gemeinde der St. Georgenkirche das Gelände, um hier ihren Friedhof anzulegen, den sie 1842 und 1862 noch erweiterte.

An höchster Stelle angekommen, geht es, an alten Wandgräbern vorbei nach links, vorbei an Gräbern der Familien Bötzow und Ende und dann ist schon die größte Grabanlage des Friedhofs zu sehen – ein imposanter freistehender dorischer Tempelbau. Zahlreiche Einschusslöcher zeigen, dass hier 1945, während der Einnahme Berlins, noch erbitterte Kämpfe auf engstem Raum stattfanden.

Dem hier 1884 beigesetzten Kommerzienrat Julius Pintsch war es gelungen, vom Klempnergesellen zum Großindustriellen aufzusteigen. Seine Selbstständigkeit begann in einer winzigen Kellerwerkstatt, in der er für die Gasanstalt am Stralauer Platz Reparaturen an den Gasmessgeräten übernahm. Die Reparaturanfälligkeit dieser Geräte beflügelte Pintsch zur Konstruktion eines eigenen Messgeräts, das er anfangs in kleiner Serie produzierte und zum Test der Gasanstalt kostenlos zur Verfügung stellte. Die gute Qualität des Gerätes führte schnell zu größeren Aufträgen, auch aus anderen Städten und dem Ausland. Der Bedarf wuchs immens, da zuverlässige verbrauchsanzeigende Geräte eine notwendige Voraussetzung für die Installation von Gasbeleuchtung in Privathäusern waren.

1863 eröffnete Pintsch eine größere Fabrik mit 60 Beschäftigten in der Friedrichshainer Andreasstraße, in der neben Gasmessern auch Gasbeleuchtungskörper, Dampfheizungsanlagen für Eisenbahnwaggons und Unterwasserminen hergestellt wurden. Als einziger Hersteller in Europa produzierte Pintsch Gasglühlichtbrenner nach eigenem Patent – damals eine Lizenz zum Gelddrucken. Er eröffnete ein Zweigwerk in Fürstenwalde und kurz vor seinem Tod noch eine weitere Fabrik in Frankfurt am Main. Nach seinem Tod führten seine Söhne das Unternehmen erfolgreich weiter und eröffneten noch ein zusätzliches Werk zum Bau von Flugzeugen in Österreich.

Nur wenige Schritte hinter der Pintsch-Grabanlage stehen wir vor dem Mausoleum der Familie Zeitler – vielleicht das aussagekräftigste Grab auf Berliner Friedhöfen. »Selig sind die Toten« steht am Giebel des Grabbaus, der durch seine ungewöhnlich stabile Bauweise auffällt. Viel Granit wurde verbaut und erinnert an Bordsteinkanten sowie die typischen Berliner Gehwegplatten. Es ist sehr selten, dass ein Grab so detailliert Auskunft über die dort Bestatteten und ihre Zeit gibt, denn das Mausoleum der Familie Zeitler erzählt viel, wenn man nur genau hinschaut.

Carl Ludwig Zeitler war Baumeister und Steinmetz und in seinem Betrieb wurden unter anderem »Schweinebäuche«, hergestellt. Was es mit diesen »Schweinebäuchen« auf sich hat, erzähle ich etwas später. Carl Ludwig Zeitler entwarf auch das Mausoleum selbst, das nach dem Tod seines Vaters Johann Jacob, 1871 errichtet wurde. Die Zeitlers waren alle fleißige Leute und schätzten die Arbeit, wie die Inschriften uns verraten: »Den Menschen zur Lust schuf Gott die Arbeit, nicht zur Last«, »Vaters Arbeit und Segen baut Kindern Häuser« oder »Hier bauten das letzte Haus ihm dankbare Söhne 1875«.

Sie verdienten mit ihrer Arbeit sehr gut und gaben davon aber auch einiges weiter, wie andere Inschriften, deutlich sichtbar für alle Vorübergehenden, verkünden. Carl Ludwig und seine Frau stifteten für Weber und Wirker, für Mathematiker und Naturkundestudierende, für Theologen und Philologen, für Witwen und Waisen und vergaßen letztlich auch nicht die Studenten. Außerdem ist an der Vorderseite zu lesen: »Die Stadt Berlin erhält diese Gruft aus den Mitteln der Stiftung eines Ungenannten«. Die Zeitlers haben tatsächlich nichts dem Zufall überlassen, denn der aufmerksame Leser stellt fest: auch die »Stiftung eines Ungenannten« wurde von der Familie selbst ins Leben gerufen.

Der Eckpfeiler auf der linken Seite belegt, dass auch die anderen Familienmitglieder spendenfreudig waren. So stiftete Wilhelm 1894 für ein Frauenheim, Agnes 1896 für ein Candidatenheim, Ludwig 1901 für ein Studienhaus und auch Emil ließ sich nicht lumpen und spendete 1903 für ein Fachschulenhaus.

Noch interessanter ist die Inschrift an der linken Seite des Grabbaus. Hier beschreibt Zeitler die Zeit, in der das Mausoleum für seinen Vater entstand: »Der glückliche deutsch-französische Siebenmonatskrieg 1870-71 n. Chr. Geb. gab Anlass zu so viel neuen Anlagen in der Reichshauptstadt, dass die Arbeiter knapp wurden und durch Arbeits-Einstellungen höhere Löhne und kürzere Arbeitszeit erlangten. Der Bau dieses Grabes – unten 2 Ruthen oben 14 Fuß lang, 12' lang, 24 Zoll hoch – lag bis im Herbst 1872 still, die Steinmetze arbeiteten

Windmühlenberg, um 1800

im Sommer nicht, ihr Wochenlohn stieg von 6 auf 14 Thaler. Bauhandwerker erhielten 5-6 statt 2 Groschen, Arbeiter nun 3 ½-4, bisher 1 ½ Gr. für die Stunde. Harte Ziegel kosteten beim Baubeginn 8, später 25 Thlr. d. 1000. Während des Baues wurden Maasse, Gewichte, Geld verändert. Die Ruthe (12' = 144 Zoll) wurde durch den (3' 2 ¼" langen) 100-teiligen Meterstab, das Quart durch Liter (= 8/9 qu), der Zentner (= 100 Pfund 3000 Loth) durch Kilogramm, abgekürzt Klgr. (2 Pfd.) verdrängt. Die Zahlung mit Silberthl. (= 30 Gr. = 360 Pfg.) wurde durch die Gold (Mark) Währung ersetzt. (1 Thlr. = 3 Mark = 300 Pfg.) – Neue Gesetze entstanden. Die Beurkundung von Geburt, Hochzeit, Tod ging von der Kirche auf den Staat über. Ein Strafgesetzbuch für alle Deutsche. Ein bürgerliches Gesetzbuch erst 1900.«

Es ist doch eine tolle Sache, wenn ein Grab so viel Auskunft über die in ihm Ruhenden gibt und gleichzeitig noch Geschichte vermittelt. Sehen können Sie das Ehepaar Zeitler auch, wenn Sie durch die Öffnungen in der Tür schauen.

Rechts vom Mausoleum gibt es einen Durchgang zum benachbarten Neuen Friedhof der Nikolai- und Mariengemeinde. Hinter der Mauer halten wir uns links und erreichen nach wenigen Minuten den Ausgang zur Prenzlauer Allee.

Wenn die Straße erreicht ist, wollen wir sie auch gleich überqueren. Auf der anderen Seite, hinter dem Tor mit der Hausnummer 242-247, befand sich seit 1885 die Brauerei von Julius Bötzow, dessen Familie zu den ältesten Berliner Bürgerfamilien seit dem Mittelalter zählt. Als junger Mann erlernte er neben seiner landwirtschaftlichen Ausbildung auch das Brauhandwerk. Sein Lehrherr gehörte zu den ersten, die in Berlin untergäriges Lagerbier brauten, das gerade populär wurde. Hatten die Berliner bis dahin hauptsächlich obergäriges Weißbier getrunken, bevorzugten sie nun das bayerische »echte«. Diesen Trend

Eingang zur Bötzow-Brauerei, um 1900

erkennend, eröffnete der fünfundzwanzigjährige Julius Bötzow 1864 in der Alten Schönhauser Straße 23-24, eine kleine Brauerei für untergäriges Bier.

Bötzow hatte schnell Erfolg, so dass die Brauerei bald zu klein war und er bereits nach einem Jahr eine erheblich größere Brauerei am Windmühlenberg, so hieß der Prenzlauer Berg früher, errichten ließ. 100 Jahre vor Bötzows Neubau standen noch acht Windmühlen auf dem Berg, die Friedrich II hier angesiedelt hatte, um den ständig wachsenden Bedarf an gemahlenem Getreide zu decken. Mit der 1810 eingeführten Gewerbefreiheit bekamen die Müller nun private Konkurrenz, und als dann die Dampfmaschine ihren Siegeszug antrat, war um 1900 endgültig Schluss mit den vom Wind abhängigen Mühlen.

Schon im März 1885 wurde an der Prenzlauer Allee mit der Bierherstellung begonnen. Bötzows Brauerei war die modernste Anlage ihrer Zeit. Eine Dampfmaschine trieb die Kompressoren, Eismaschinen und Pumpen an und erzeugte zusätzlich auch elektrisches Licht. Zur Herstellung von untergärigem Bier war gute Kühlung die wichtigste Voraussetzung. Zuerst muss die heiße Würze auf vier bis sechs Grad abgekühlt werden, und bei der späteren Lagerung durfte die Temperatur zwei Grad nicht überschreiten. Das weiche Gestein des Windmühlenbergs erwies sich als ideal zur Anlage eines 5000 Quadratmeter großen Gewölbekellers.

Bötzows großer Erfolg zeigte sich auch daran, dass er sich bereits ein Jahr nach der Eröffnung, als erster Brauer im Deutschen Reich,

Rechts Villa Bötzow, im Hintergrund die Brauerei, um 1900

mit dem Titel »Hoflieferant seiner Majestät des Königs von Preußen« schmücken durfte. Der gute Ruf trieb die bierfreudigen Berliner in Scharen zum »Bötzowberg«. Gab es anfangs nur einen Kellereiausschank, entstand bald ein riesiger Biergarten, der 6000 Gästen Platz bot. Eine große Kapelle unterhielt an den Wochenenden die Gäste meist mit zackiger Marschmusik.

Als Krönung seines Erfolgs ließ sich Julius Bötzow eine pompöse Villa direkt vor seiner Brauerei errichten, die der Volksmund nach Fertigstellung, das »Schloss im Norden« nannte. Ließen erfolgreiche Fabrikanten ihre Villen meist in Wannsee oder im Grunewald errichten, zog es Julius Bötzow vor, direkt neben Brauerei und dem Biergarten, in dem es nicht immer ruhig zuging, zu wohnen und den erarbeiteten Wohlstand auch nach außen sichtbar zu zeigen. So war ein »japanischer Salon« mit einem üppigem Deckengemälde und feinsten Seidentapeten ausgestattet, und im Wintergarten plätscherte ein kleiner Wasserfall. Zur Villa gehörte auch ein Schwimmbad, das von den Mitarbeitern genutzt werden durfte.

Kurz vor Ausbruch des Ersten Weltkrieges verstarb der Brauereigründer. Sein Unternehmen wurde als Kommanditgesellschaft weitergeführt, die Anteile blieben in der Bötzow-Familie. Am 5. Januar 1919 wurde im Biergarten ein Revolutionsausschuss aus Mitgliedern der KPD und der USPD unter Führung von Karl Liebknecht, Paul Scholze und Georg Ledebour gegründet. Ziel war die Regierung Ebert (SPD) zu stürzen, die am Vortag die Absetzung des Berliner Polizeipräsidenten Emil Eichhorn (USPD) verfügt hatte.

1923 hatte die Inflation in Deutschland ihren Höhepunkt erreicht und eine Billion Papiermark war eine Goldmark wert. So gab, um überhaupt verkaufen zu können, die Bötzow-Brauerei eigenes Notgeld in Scheinen á zehn Milliarden Mark heraus – ein halber Liter Bier kostete am 26. Oktober 1923 500 Milliarden Mark.

Das Aus für die Bötzows kam nach Ende des Zweiten Weltkriegs. Die Villa und das Ausschankgebäude lagen in Trümmern, und im Rahmen der Enteignungswelle wurde die Brauerei im sowjetischen Sektor verstaatlicht. Bier-Überkapazitäten führten 1949 dazu, dass Bötzow als eine von vier Ost-Berliner Brauereien still gelegt wurde.

Seit 1990 steht der Komplex unter Denkmalschutz. Mehrfach wechselte das Gelände den Besitzer; aber nun soll dem alten Gemäuer neues Leben eingehaucht werden. 2010 kaufte der Unternehmer Hans Georg Näder das 23.400 Quadratmeter große Gelände. Sein Großvater hatte 1919 in Berlin ein Unternehmen für Medizintechnik gegründet, das heute seinen Sitz in Duderstadt hat und für das in 45 Ländern rund 6000 Mitarbeiter tätig sind. 100 Millionen Euro will Näder in die Entwicklung des Standortes investieren und in den historischen Gebäuden die Kreativabteilung seines Unternehmens unterbringen. Außerdem sind neben einem Hotel weitere fünf Neubauten auf dem Gelände geplant.

Unser Weg führt nun abwärts. 200 Meter hinter der Ampel, an der Ecke Mollstraße, stand ein weiteres Stadttor der Akzisemauer, das Prenzlauer Tor. Am Ende des Bötzow-Geländes, nah der Saarbrücker Straße, steht etwas erhöht hinter einigen Treppenstufen ein Gedenkstein mit einem Liebknecht-Bildnis von Otto Maercker (1959). Die kaum lesbare Inschrift teilt mit:»Karl Liebknecht – Kämpfer gegen Militarismus und Krieg führte von hier aus die Kämpfe der revolutionären Arbeiter und Soldaten am 7. und 8. Januar 1919«. Wir biegen in die Saarbrücker Straße ein und bleiben vorerst auf der rechten Seite.

Achten Sie nach dem Abbiegen auf die großen Gehwegplatten unter Ihren Füßen. Diese Platten heißen im Fachjargon »Schweinebäuche«, und etliche davon wurden in der Firma der Familie Zeitler angefertigt. Die Platten sind für Berlin sehr typisch. Wer die Bezeichnung bisher nicht kannte, fragt sich vielleicht, warum diese glatten Granitplatten so heißen, denn eine Ähnlichkeit mit Schweinen oder deren Bäuchen gibt es eigentlich nicht. Wenn Sie aber eine der Platten ausgraben würden, dann zeigt die Unterseite in der Mitte eine starke Wölbung, ähnlich einem durchhängenden Schweinebauch. Warum nun dieser Bauch? Die Platten haben dadurch einen tieferen Schwerpunkt, der nach ihrer Verlegung ein Kippeln oder Wackeln verhindert, da sie sich gewissermaßen selbst fixieren. Seit dem 19. Jahrhun-

Gegend vor dem Prenzlauer Tor, 1847

dert werden diese Gehwegplatten in Berlin verlegt. Der Stein heißt »Granodiorit« und ist rund 600 Millionen Jahre alt. Er wurde aus Schlesien und der Lausitz nach Berlin transportiert.

Die allererste dieser Platten wurde übrigens werbewirksam 1824 vor der Weinhandlung Lutter & Wegner auf dem Gendarmenmarkt verlegt. Es wäre natürlich ein schönes Bild, wenn ich Ihnen erzählen könnte, dass somit E.T.A. Hoffmann zu den ersten »Begehern« dieser Platten gehörte: Wie er dann nach einem langen Zechgelage mit seinem Freund, dem Schauspieler Ludwig Devrient, nach Verlassen des Lokals gemeinsam über die »Schweinebäuche« schaukelte. Schön wär's, aber leider war der Dichter schon zwei Jahre zuvor verstorben.

Wir betreten die Hofanlage Saarbrücker Straße 36-38. Weitgehend mittellos kamen die beiden verwaisten Brüder Carl und August Aschinger aus dem Württembergischen nach Berlin. In den ersten Jahren arbeitete August als Koch und Carl als Kellner. 1892 eröffneten sie dann gemeinsam in der Neuen Rossstraße 4 ihre erste »Bierquelle«. Moderne Verkaufsmethoden und rationelle Arbeitsweise ließen das Unternehmen schnell wachsen: 23 Bierquellen, 15 Konditoreien, acht weitere Restaurants sowie 20 Verkaufsstellen, die sich alle durch gute und preiswerte Gerichte auszeichneten, begründeten den Erfolg der beiden Unternehmer. Der absolute Verkaufsschlager in ihren Restaurants waren Aschingers legendäre Löffelerbsen mit Speck. Der Erfolg kam dabei vor allem durch die kleinen kostenlosen Brötchen, die es in weitgehend unbegrenzter Menge dazugab und die ganzen Studenten- und Künstlergenerationen das Überleben erleichterten.

Der Maler George Grosz schrieb dazu in seiner Autobiographie: »Aschinger war eine Wohltat für hungrige Künstler. Man bestellte einen Teller Erbsensuppe, der kostete 30 Pfennig und war kein Teller, sondern eine Terrine. Die Hauptsache aber war: man konnte dazu so viel Brötchen haben, wie man wollte. War der Brotkorb leer, so kam der Kellner von selbst und füllte nach (...) Was in unsere Taschen verschwand, wurde nicht beanstandet, man durfte es nur nicht so auffällig machen.« Was zu dieser Zeit keiner der Gäste ahnte war: Die typischen Aschinger-Brötchen wurden damals im Frauengefängnis in der Barnimstraße gebacken, wo »wenn die Stimmung in der Backstube mal wieder schlecht war, schon mal kräftig in den Teig gespuckt wurde«.

Mit ihrem Konzept gelang es den Aschinger-Brüdern, ein Gaststätten-Imperium zu formen. Alle Speisen wurden in einem Zentralbetrieb vorbereitet und von dort aus mehrmals am Tag frisch in die Restaurants geliefert. Damit alle Eier mit dem gleichen Härtegrad auf den Tisch kamen, ließen die Brüder eigens einen Eierkochapparat konstruieren, in dem 1000 Eier gleichzeitig gekocht werden konnten. Befand sich der erste Zentralbetrieb in den Stadtbahnviadukten, nah dem Bahnhof Alexanderplatz, wurde 1912 ein erheblich größerer Betrieb in der Saarbrücker Straße 36-38 eröffnet. Zu diesem Zeitpunkt waren die Gründer bereits verstorben. Carl starb 1909 und August 1911, mit 53 beziehungsweise 49 Jahren.

Hier in der Saarbrücker Straße wurden täglich 20.000 Flaschen Selterswasser, 20.000 Paar Würste, 5000 Pfund Kartoffelsalat und 50.000 Brötchen hergestellt. Jetzt begann das Unternehmen in die höheren Sphären der Gastronomie aufzusteigen. Aschinger gehörte nun auch das »Hotel Fürstenhof«, das »Weinhaus Rheingold«, der »Kaiserhof« und die Gaststätte am Funkturm. 5000 Mitarbeiter waren in den dreißiger Jahren bei Aschinger beschäftigt. Größenwahn und der Ausbruch des Zweiten Weltkrieges ließen das Unternehmen dann abstürzen. Die bescheidenen und außerordentlich erfolgreichen Gründer werden sich vermutlich im Grabe umgedreht haben. In Ost-Berlin wurde nach dem Krieg rigoros enteignet, im Westteil der Stadt zogen sich die Folgen des Niedergangs der Firma Aschinger bis 1976 hin. Die letzte Gaststätte am Bahnhof Zoo musste wegen überhöhter Mietfor-

*Alexanderplatz. Links das frühere Königsstädtische Theater.
Ab 1893/94 befand sich hier eine Filiale der Bierquelle von August und Karl Aschinger*

derungen schließen (obwohl der Firma das Gebäude selbst gehörte!). Nach dem Krieg wurde die Großbäckerei in der Saarbrücker Straße in VEB Aktivist umbenannt und später in Backwarenkombinat (Bako). Rund 700 Bäcker und Konditoren produzierten jeden Tag 300.000 Schrippen, 5,4 Tonnen Brot und 44.000 Toastbrote. Auch das im Ostteil der Stadt so beliebte Moskauer Sahneeis, das besonders süß war, wurde hier produziert.

1997 erfolgte die Schließung der Großbäckerei und für einige Jahre war die Fabrik einer der beliebten Partyorte des Bezirks. Im Jahr 2000 wurde dann das gesamte Areal verkauft und zwei Jahre lang umgebaut. Wenn man heute in die Höfe des Gebäudekomplexes schaut, kann man die für den Umbau zuständigen Architekten nur loben für ihren sensiblen Umgang mit historischer Bausubstanz.

Wir folgen der Saarbrücker Straße und sehen auf der gegenüberliegenden Straßenseite, aus roten Klinkersteinen errichtet, ein weiteres Gebäude der Bötzow-Brauerei. Unter diesem Gebäude befindet sich der riesige Gärkeller. Hinter der Straßburger Straße, auf unserer Straßenseite, beginnt das Areal der einstigen Brauerei Königstadt, deren Grundstück sich bis zur Schönhauser Allee erstreckte, wo sich das Hauptgebäude und der Ausschank befanden. Seit 1871 wurde hier, am südlichen Ausläufer des Windmühlenbergs ‚damit begonnen, Bier zu brauen. Wie bei den anderen Brauereien auch, gehörte immer ein großer Gartenausschank mit dazu, in dem sich, oft bei zünftiger Blasmusik, die Berliner vergnügten.

Ein großer Teil der 4000 Quadratmeter großen zweigeschossigen Kelleranlagen, die noch heute vorhanden sind, gehörte schon zu der noch älteren Wagnerschen bairischen Bierbrauerei, die auf dem Grundstück seit 1851 existierte und zu den ältesten Brauereien zählt. 1921 wurde der Betrieb eingestellt und die Gebäude an einzelne Betriebe verpachtet. Es eröffneten Kraftfahrzeug-Werkstätten mit Tankstelle, Garagenvermietung sowie kleinere Produktionsbetriebe. 1925 erfolgte der Umbau des früheren Ausschankgebäudes zu einem Kinosaal mit 1500 Plätzen. Das so entstandene Kino Ufa-Palast Königstadt war eines der ersten Tonfilm-Uraufführungshäuser Berlins.

Während des Zweiten Weltkriegs diente ein Teil der Kelleranlagen als Luftschutzkeller, während in anderen unterirdischen Bereichen kriegswichtige elektrische Bauteile für V-Waffen sowie Holzvergaseranlagen für Militärfahrzeuge entstanden. Das Rüstungsministerium hatte während des Luftkrieges wichtige Produktionsbereiche in angriffssichere Keller verlagert. Die Arbeit verrichteten meist Zwangsarbeiterinnen, vornehmlich aus Ungarn und der Ukraine.

Zu DDR-Zeit standen in einem der Eckgebäude die Autos der Fahrbereitschaft des Berliner Magistrats. In einem Gebäudeteil waren Abteilungen des Staatssicherheitsdienstes untergebracht, und außerdem produzierte die VEB Reform Möbelproduktion in den Gewerbehöfen.

Nach der politischen Wende setzte sich in den ehemaligen Brauereigebäuden die kleinteilige Nutzung fort. Zu bestehenden Handwerksbetrieben kamen weitere Unternehmen der Kunst- und Medienbranche dazu, die Vermietung und Bewirtschaftung lag in den Händen des Bezirks. 1995 gründeten die Gewerbemieter eine Genossenschaft, die 2003 die ehemalige Brauerei kaufte, um sie stufenweise umzubauen zu einem Gewerbehof, der für unterschiedliche Nutzung geeignet ist. So gibt es heute rund vierzig Firmen – vom Filmproduzenten bis zum Geigenbauer.

Grund für die ungewöhnliche Konzentration von Brauereien in dieser Gegend war eine ausgezeichnete Wasserqualität und der Lehmboden der Anhöhen am Rande des nördlichen Spreetales. Hier war es leichter als anderenorts, tiefe und trockene Bierlagerkeller zu graben.

Die Saarbrücker Straße mündet in die Schönhauser Allee. Dort gegenüber befindet sich ein weiterer Brauereistandort – die 1841 eröffnete Bairischbier Brauerei Joseph Pfeffer.

Zwei Handwerksgesellen machten im Pfefferschen Biergarten eine sensationelle Entdeckung, als sie über einen Blumenkübel »stolperten«, der eigentlich mehr wie ein Taufbecken aussah, worauf auch Inschriften und Ornamentik hinwiesen. Kunsthistoriker und Kirchensachverständige wurden hinzugezogen und stellten fest, dass es sich tatsächlich um ein Taufbecken aus einer evangelischen Kirche handelte. Das eingravierte Herstellungsdatum zeigte die Jahreszahl 1587. Wo das Taufbecken ursprünglich einmal stand und wie es letztlich zum Blumenkübel wurde, blieb ungeklärt. Heute steht es in der katholischen Herz-Jesu-Kirche, Alt-Lietzow 23, in Charlottenburg. In der nach Entwurf von Hubert Stier 1877 fertiggestellten Kirche, fand es einen neuen Platz und ist seither das Prunkstück des Gotteshauses. Generationen katholischer Mädchen und Knaben wurden über dem Becken getauft und niemand nahm je Anstoß daran, dass dieses Becken ursprünglich für protestantische Kinder gedacht war.

Die Herz-Jesu-Kirche hatte einmal einen sehr mutigen Pfarrer – Bernhard Lichtenberg. Er predigte seit 1913 an der Kirche und war gleichzeitig Abgeordneter der Zentrumspartei und Charlottenburger Kommunalpolitiker. 1932 wurde er Dompfarrer an der St. Hedwigs-Kathedrale, wo ihn seine äußerst temperamentvollen Predigten, in denen er sich auch für jüdische Mitbürger einsetzte, in Schwierigkeiten brachten. 1935 überreichte er Hermann Göring in der Reichskanzlei ein Schreiben, in dem er die Zustände im Konzentrationslager Esterwegen anprangerte. 1941 wurde Lichtenberg verhaftet und wegen Kanzelmissbrauch zu zwei Jahren Gefängnis verurteilt, die er in Tegel absaß. Unmittelbar nach seiner Entlassung wurde er erneut verhaftet und sollte zur »Schutzhaft« in das Konzentrationslager Dachau überführt werden. Lichtenberg starb auf dem Transport.

Die Brauerei Pfefferberg, so hieß sie ab 1887, hatte zuvor mehrfach den Besitzer gewechselt. Sie war eine von 14 Brauereien in Prenzlauer Berg. Um es gleich vorab zu sagen, in keiner wird heute noch Gerstensaft produziert. Entweder sind sie völlig aus dem Stadtbild verschwunden oder ihre Gebäudekomplexe werden zu anderen Zwecken genutzt.

Wie die meisten der Brauereibesitzer kam auch Herr Pfeffer aus Bayern. Da die Konkurrenz im Viertel groß war, musste er, um das Publikum anzulocken, etwas Ungewöhnliches bieten. So gab es bei Pfeffer einen Gartenpavillon, dessen Decke sich bei klarem Sternenhimmel zur Seite fahren ließ, so dass die Gäste unter freiem Himmel saßen.

Nach Ende des Ersten Weltkriegs und der folgenden Rezession ging der Bierabsatz in Berlin stark zurück. 1919 übernahm Schultheiss den Brauereistandort, aber nur zur Marktbereinigung, wie man heute sagt. Gebraut wurde hier nicht mehr, Biergarten und angrenzende Gebäude wurden als Restaurationsbetrieb verpachtet. In die einstigen Brauereigebäude zog nun die Hoffmann Schokoladen KG ein, gefolgt ab 1940 von der Germania-Brotbäckerei-Pfefferberg GmbH. Nach Kriegsende

Brauerei Pfefferberg, 1912

entsteht eine Großdruckerei, in der das SED-Organ »Neue Deutschland«, aber auch Kunst- und Schulbücher gedruckt werden.
Das gesamte Gebäudeensemble steht heute unter Denkmalschutz. Auch hier sind die riesigen Brauereigewölbe noch erhalten und werden ab und zu für Führungen geöffnet. Im Biergarten gibt es Konzerte und Theaterveranstaltungen, drum herum sind soziale Initiativen und junge Firmen in die Gebäude eingezogen. Zu den Nutzern gehören 2012 ein Hostel und mehrere Restaurants. Der Künstler und Professor der Universität der Künste, Olafur Eliasson hat hier sein Atelier. Im Haus 5 ist das Kunst- und Atelierhaus »Meinblau« untergebracht, in dem sich die Ateliers von 16 weiteren Künstlern sowie Ausstellungsräume befinden. Im Haus 4 ist die Galerie Mikael Anderson und in den Häusern 7 und 9 zeigt die Akira Ikeda Gallery internationale zeitgenössische Kunst. Im Haus 10 hat das Architekturforum Aedes Räume, in denen Ausstellungen zu Baukultur und Architektur gezeigt werden. Im Haus 8 hat sich das Kulturlabor ICI etabliert und in Nr. 13 finden unterschiedliche kulturelle Veranstaltungen statt. Das Komödienhaus der Woesner Brothers hat seine Eröffnung bereits angekündigt.
Auf hiesiger Straßenseite der Schönhauser Allee, nah dem U-Bahnhof Senefelder Platz, erinnert ein stattliches Denkmal an den Mann, nach dem der Bahnhof sowie der kleine dreieckige Platz benannt wurden. Treten wir doch etwas näher an sein Standbild heran.
Alois Senefelder wollte eigentlich wie sein Vater Schauspieler werden. Als dieser aber früh verstarb, musste er einen Beruf erlernen

und wurde Drucker. Schon bald versuchte er eine neue Drucktechnik zu entwickeln, wobei erste Versuche mit Schieferplatten, in die er Schriftzeichen, Noten und Zeichnungen spiegelverkehrt einritzte, um sie anschließend mit Druckfarbe eingefärbt abzudrucken, erfolglos blieben. Danach schrieb er mit einer von ihm selbst zusammengestellten Mischung aus Wachs, Seife und Ruß auf eine Schreibplatte, die er anschließend mit Scheidewasser überzog.»Und siehe da – überall, wo keine Schrift war, wurde der Stein ein wenig vertieft, während die Schrift selbst erhaben stehen blieb.« Er überzog die Schrift mit Druckerschwärze und erhielt einen guten Abdruck. Das war 1797, der junge Mann war damals gerade 26 Jahre alt – die Lithographie war erfunden und damit der Buch- und Kunstdruck revolutioniert.

So einfach, wie es klingt, war die Entwicklung nicht, denn es dauerte noch Jahre, bis das Verfahren optimiert war, und dann fehlte immer noch die ideale Druckpresse. Parallel zur Entwicklung häuften sich die Schulden, die Gläubiger wurden misstrauisch und seine Erfindung geriet in Verruf. Erst nach zehn Jahren waren die Arbeiten an seiner Erfindung abgeschlossen, dann setzte sich sein Vervielfältigungsverfahren in allen Industrieländern durch. Darüber hinaus entwickelte er das Verfahren der Autographie sowie des anastatischen Druckes und stellte 1826 den ersten Mehrfarbendruck her.

Die Druckergilde Deutschlands, deren Gewerbe von seinen Neuerungen enorm profitierte, dankte es ihm mit diesem Denkmal aus Carrara-Marmor, das 1892, anlässlich seines 121. Geburtstages, feierlich enthüllt wurde. Die Kinderfiguren am Sockel demonstrieren Senefelders Erfindung. Ein Knabe schreibt den Namen des Erfinders in Spiegelschrift an den Sockel, während ein Mädchen mit Hilfe eines Spiegels die Schrift liest. Das Denkmal gehört zu den Hauptwerken des Bildhauers Rudolf Pohle.

Die Straße rechts neben dem Denkmal ist die Kollwitzstraße. Sie geht von der Schönhauser Allee ab, und wir folgen ihr aufwärts. Gleich bei der ersten Kreuzung biegen wir dann rechts in die Metzer Straße ein und laufen auf dem grünen Mittelstreifen, bis uns eine Badewanne den Weg versperrt.

Wundern Sie sich nicht, wenn Ihnen keine Badewanne begegnet und erfreuen Sie sich an ihrem Anblick, wenn sie doch im Weg stehen sollte. Aufklärung tut in diesem Fall not: Der Bildhauer Stefan Horota (geb. 1932) schuf 1982 eine Bronzegruppe die er »Paar in der Badewanne« nannte und die für manch Vorbeiflanierenden eine gute Anregung für den Feierabend war. Ein Pärchen, nicht mehr ganz jung, sitzt gemeinsam in der Badewanne. Sie sitzen sich gegenüber und prosten sich gegenseitig mit ihren Weinkelchen zu. Er, ganz Kavalier der alten Schule, wird seiner Angebeteten gleich eine rote Rose als Zeichen der Zuneigung überreichen. Er hält sie schon außerhalb der Wanne in seiner Hand. Ein Kunstwerk, das jeder verstand und das den Betrachtern viel Freude bereitete.

Ursprünglich stand die Bronzegruppe an der Schönhauser Allee, Ecke Torstraße, wo sie aber 1992 gestohlen wurde. Als sie nicht wieder auftauchte, gab man bei dem Künstler einen Zweitguß in Auftrag und stellte diesen anschließend hier, in ruhiger Wohnlage, im Boden fest verankert, erneut auf. Alle waren zufrieden, die Prenzlauer Berg-Idylle war wieder hergestellt – bis Ende 2011: da war die Badewanne wieder verschwunden. Erst Monate später, als sich die Bezirksverordnetenversammlung (BVV) mit dem Verschwinden befasste, stellte sich heraus, dass zwölf Skulpturen aus dem Bezirksgebiet durch das Tiefbau- und Landesplanungsamt eingelagert wurden.»So musste u.a. das ›Paar in der Badewanne‹ aufgrund von Vandalismus oder alters- und witterungsbedingten Schäden eingelagert werden.« Genauere Angaben, auch zur Wiederaufstellung, gab es auf Nachfrage nicht.

Ein Zeitungsartikel aus der Berliner Morgenpost vom 4. Juli 2012 stimmt nachdenklich:»Bronzeplastik am Volkspark Prenzlauer Berg gestohlen. Die lebensgroße Bronzeplastik ›Vater und Sohn‹, die am Volkspark Prenzlauer Berg an der Ecke Hohenschönhauser Straße und Maiglöckchenstraße stand, ist verschwunden. Anwohner haben den Verlust bemerkt und das Tiefbau- und Landschaftsplanungsamt alarmiert. Die Plastik stammt von dem Berliner Künstler Stefan Horota. ›Es ist wahrscheinlich, dass das Kunstwerk, das hier seit Anfang der siebziger Jahre stand, gestohlen wurde‹, sagte ein Sprecher des Bezirksamtes. Der Wert der Plastik betrage rund 32.000 Euro. Hinweise nimmt das Tiefbau- und Landschaftsplanungsamt entgegen.« Da es von dem Bildhauer Horota noch weitere Werke in Prenzlauer Berg gibt, kann man gespannt sein, wie sich die Situation weiter entwickelt.

Einige Schritte weiter, an der nächsten Kreuzung, ist das Lokal »Metzer Eck«, dessen Geschichte als Eckkneipe am 1. August 1913 begann. An diesem Tag eröffnete die Kaltmamsell Clara Vahlenstein eine Schankstube unter dem Namen Vahlensteins Destille. Als die Wirtin 1951 starb, übernahm ihre Tochter Charlotte die Kneipe, die zu diesem Zeitpunkt schon Metzer Eck hieß. 1957 stieg auch ihre inzwischen herangewachsene Tochter Bärbel mit in das Geschäft ein, das nun als Mutter-Tochter-Betrieb geführt wurde. Als die Mutter sich 1967 zur Ruhe setzte, übernahm Bärbel Falkner, inzwischen hatte sie geheiratet, die Konzession und die Aufsicht über die Zapfhähne.

Die Jahrtausendwende war ein gutes Datum für den nächsten Generationswechsel im Metzer Eck. Diesmal war es nicht eine Tochter,

Wassertürme, 2009

sondern der Sohn, der die Familientradition fortsetzte. Horst Falkner machte es richtig, er veränderte nichts und beließ einfach alles beim Alten, so wie es die Kunden seit Jahrzehnten schätzen. Das einzige was sich in den Jahren veränderte, war der Bierpreis: von 56 Ostpfennigen stieg er erst auf 1,50 DM und dann auf 1,80 Euro. Horst Falkner war mit Leib und Seele Wirt und hätte gerne noch ein paar Jahre drangehängt – aber das war ihm nicht vergönnt. 2007 beendete der Krebs sein Leben mit nur 40 Jahren. Wie beliebt er im Kiez war, zeigte sich bei der Beerdigung, als rund 300 Menschen seinem Sarg folgten. Mit dem Metzer Eck geht es aber weiter, denn Ehefrau Sylvia blieb hinterm Tresen.

Nach links geht es in die Straßburger Straße, zum höchsten Punkt von Prenzlauer Berg. Vor uns, zum Teil durch Straßenbäume verdeckt, sind die Wahrzeichen des Ortsteils zu erkennen, die beiden Wassertürme – ein Dünner und ein Dicker. Nach Überqueren der Belforter Straße stehen wir vor einem Tor, das in den Bauch des Berges führt, den wir nun erst einmal besteigen wollen.

Von hier oben hat man eine wunderbare Aussicht auf die Straßenlandschaft der Umgebung. Vielleicht ist Ihnen schon beim Aufstieg der rote Klinkerbau auf der anderen Straßenseite aufgefallen, in dem sich das Prenzlauer Berg Museum befindet. Ein Ort, wo die Geschichte des Stadtteils dokumentiert wird und wo regelmäßig interessante Sonderausstellungen zu sehen sind.

An der Warschauer Straße, Ecke Stralauer Allee, in Friedrichshain, ließ die englische Berlin Waterworks Company ein Wasserwerk errichten, das 1856 seinen Betrieb aufnahm. Das Wasser wurde nah der Oberbaumbrücke der Spree entnommen und mit Hilfe von Klärbecken, Kies- und Sandfiltern gereinigt. Anschließend, nach heutigen Maßstäben immer noch nicht sauber, pumpte man es durch Rohrleitungen hierher auf den Windmühlenberg, wo es in einem Tiefspeicher, der sich genau unter uns befindet, gesammelt wurde. Das Fassungsvermögen des Speichers betrug 3000 Kubikmeter. Der dünne Steigrohrturm – direkt neben uns – sorgte durch zusätzlichen Druck, den Pumpen erzeugten, dafür, dass das Wasser bis in die Rohre der Mietshäuser gelangte.

Das starke Anwachsen der Bevölkerung im Quartier machte bald eine Erweiterung der bisherigen Wasserversorgung erforderlich, so dass 1875 der dicke Wasserturm hinzukam. In ihm verbirgt sich im oberen Bereich der Wasserbehälter. Im unteren Teil des Turmes befinden sich Wohnungen, die anfangs ausschließlich Mitarbeitern des Wasserwerks zur Verfügung standen. 1907 musste der Hochbehälter angehoben werden, da für die höhere Bebauung im Viertel der Druck nicht mehr ausreiche. Seit 1915 wird der Turm für die Wasserversorgung nicht mehr benötigt. Er diente aber noch bis 1952 für den Druckausgleich im Berliner Leitungssystem.

1933 hatten die Nazis im früheren Maschinenhaus ein »wildes KZ« eingerichtet. In den Wasserbehältern wurden politisch Andersdenkende eingekerkert und gefoltert. Heute stehen die Türme unter Denkmalschutz, und der kleine Park auf dem Wasserspeicher ist eine beliebte Spiel- und Erholungsfläche für die Anwohner. Die Gewölbe des Tiefspeichers haben eine spektakuläre Akustik und werden häufig für Veranstaltungen, Konzerte und besondere Klanginstallationen genutzt.

»Prenzelberg«, wie Neu-Bewohner liebevoll den Ortsteil nennen (Eingeborene verkneifen sich das lieber), liegt oberhalb der Innenstadt auf der Hochfläche des Barnim. Bereits mit der Gründung der Doppelstadt Berlin/Cölln begann die landwirtschaftliche Nutzung des Gebiets, oh-

Bahnsteig auf dem U-Bahnhof Senefelder Platz, 1913

ne dass es jedoch zu einer eigenen Dorfbildung kam. Die Landwirtschaftsflächen befanden sich im Besitz des Magistrats, von Kirchen, Klöstern und Berliner Ackerbürgern. Mit der beginnenden Industrialisierung wuchs ab dem dritten Jahrzehnt des 19. Jahrhunderts die Bebauung Berlins über die Stadtgrenzen hinaus und erreichte, ausgehend vom Schönhauser Tor, auch das Gebiet des heutigen Prenzlauer Bergs. Unmittelbar nach Beendigung seines Studiums an der Berliner Bauakademie wurde James Hobrecht zum Leiter des »Kommissariums zur Ausarbeitung der Bebauungspläne für die Umgebung Berlins« berufen. Was für ein Karrierestart für einen jungen Ingenieur! Ab 1862 begann nach dem von ihm entwickelten und nach ihm benannten Hobrechtplan, eine stürmische Bebauung des gesamten Gebiets. Aus der einstigen Feldmark wurde so in wenigen Jahrzehnten ein dicht besiedelter Arbeiterwohnbezirk, flächendeckend bebaut mit Mietskasernen, voller Labyrinthe von Hinterhöfen, Seiten- und Quergebäuden.

1867 begann der Bau der Ringbahn, mit deren Eröffnung 1871 das Gebiet Anschluss an die Eisenbahn erhielt. Nachdem sie anfänglich nur dem Güterverkehr diente, kam bald der Personenverkehr hinzu. Auch die 1875 eröffnete Linie der Großen Berliner Pferdebahn vom Schönhauser Tor über die Schönhauser Allee nach Pankow sowie die 1913 in Betrieb genommene U-Bahn Alexanderplatz-Nordring hatten für die weitere Erschließung des Gebiets große Bedeutung, wie auch 1930 die Verlängerung der U-Bahnlinie bis zum heutigen Endpunkt Pankow.

Der Altbaubezirk Prenzlauer Berg auf der ehemaligen Berliner Feldmark, nördlich des Stadtzentrums, gehörte zu den kleineren Bezirken

Berlins. In der Einwohnerdichte stand er jedoch nach Kreuzberg an zweiter Stelle. Der Bezirk entstand bei der Bildung Groß-Berlins im Jahr 1920 als vierter Verwaltungsbezirk. Seit der Verwaltungsreform vor einigen Jahren ist Prenzlauer Berg »nur noch« ein Ortsteil des Bezirks Pankow.

Schon zu DDR-Zeiten hatten sich viele Künstler und Schriftsteller im Bezirk angesiedelt, die bereits in den achtziger Jahren mit einer Vielzahl von individuellen Alternativprojekten außerhalb der offiziellen Staatskultur in Erscheinung traten und Prenzlauer Berg zum Zentrum der selbstbestimmten Kultur und der Dissidentenbewegung in Ost-Berlin werden ließen. Veranstaltungs- und Versammlungsstätten waren Klubhäuser, improvisierte Galerien, Cafés, Kneipen und private Wohnungen. Als Treffpunkt oppositioneller Gruppen ist Ende der achtziger Jahre vor allem die Gethsemane-Kirche über Berlin hinaus bekannt geworden. Auch nach der Vereinigung hat sich diese Tradition fortgesetzt. Daneben entstanden zahlreiche Läden und Clubs, die zur Vielfalt der kulturellen Szene beitragen.

Prenzlauer Berg ist beliebt und die Zuwanderung junger Leute vor allem aus süddeutschen Regionen ist nach wie vor ungebrochen. Mit der gewandelten Einwohnerstruktur veränderten sich allerdings auch die Mieten; so manch alteingesessener Bewohner kann da nicht mithalten, was Unzufriedenheit schürt.

Wenn Sie den Berg wieder verlassen, bietet sich werktags zwischen 9 und 19 Uhr die Möglichkeit, das Prenzlauer Berg Museum zu besuchen. Ansonsten geht es in Richtung des dicken Turmes abwärts zur Knaackstraße und von dort nach links zum Kollwitzplatz.

Die heutige Kollwitzstraße, wie auch der gleichnamige Platz, hießen bis 1947 Weißenburger Straße und Wörther Platz. Zwei Jahre nach dem Tod von Käthe Kollwitz erfolgte die Umbenennung der Straße, in der sie im Haus Nummer 25 mit ihrem Mann Dr. Karl Kollwitz, einem Armenarzt, lebte und auch ihr Atelier hatte. An der Ecke Knaackstraße erinnert eine Gedenktafel an die Künstlerin, die seit 1919 Mitglied der preußischen Akademie der Künste war, bis sie 1933 ausgeschlossen wurde. Gleichzeitig erhielt sie Ausstellungs- und Verkaufsverbot ihrer Werke. Auf dem Platz steht seit 1959 das von Gustav Seitz geschaffene Kollwitz-Denkmal, das in würdiger Weise an das Leben und Wirken der großen Künstlerin erinnert.

Buntes Treiben herrscht am Samstag zwischen 9 und 16 Uhr auf dem Neuen Markt und auch am Donnerstag (12-19 Uhr) beim Öko-Markt. Hier geht es nicht nur um den Einkauf, sondern immer auch um das Sehen und Gesehenwerden.

In der Knaackstraße 41 befindet sich ein etwa sieben Meter breiter und 400 Meter langer Gang, der seit einigen Jahren auch als »Judengang« bezeichnet wird. Der Gang verbindet den Senefelderplatz mit dem Kollwitzplatz, ist aber außer für Führungen immer verschlossen. Die Umstände, die zu seiner Entstehung führten, sind nicht eindeutig belegt. Da dieser Weg an einem Hintereingang des Jüdischen Friedhofs an der Schönhauser Allee vorbeiführt, ranken sich die unterschiedlichsten Geschichten um die Frage, warum der Weg einmal angelegt wurde. Es gibt Stimmen, die sagen, König Friedrich Wilhelm III. wollte bei seinen Fahrten zum Lustschloss Schönhausen auf der Schönhauser Allee keinem Leichenzug begegnen. Andere glauben, dass ein Rabbiner, der immer etwas spät dran war, den Weg von der nahen Synagoge zur Beerdigung auf dem Friedhof so abkürzte.

Joachim Jacobs, Mitglied der jüdischen Gemeinde und Chef eines Büros für Gartendenkmalpflege und Landschaftsarchitektur, sah in diesem geheimnisvollen Gang auch ein Gartendenkmal – denn immerhin ist es einer von drei noch bestehenden Feldwegen in Berlin. Als es nun noch gelang, die Lottostiftung für die Wiederherstellung des einstigen Feldweges zu gewinnen und dafür auch eine stattliche Summe zur Verfügung zu stellen, stand nichts mehr dagegen. Der Weg wurde vom Müll befreit und befestigt und ein neues Tor verhindert den Zugang. Zwei Öffnungen in Form von Davidsternen, die es zuvor dort nicht gab, ermöglichen nun den Blick auf einen Weg, der nun »Judengang« heißt.

Weiter führt unser Weg durch die Knaackstraße bis zur Kreuzung mit der Sredzkistraße, wo einst Schultheiss-Bier gebraut wurde. Der Apotheker August Heinrich Prell hatte 1842 in Kreuzberg eine kleine Brauerei gegründet, in der er untergäriges Bier herstellte und in einem eigenen Ausschank verkaufte. Das Geschäft lief gut, so dass er an der Schönhauser Allee neue Lagerkeller einrichtete. Nach dem Tod des brauenden Apothekers übernahm 1853 Jobst Schultheiss das Unternehmen und gab ihm seinen Namen. Obwohl der neue Besitzer mit dem Brauereiwesen bisher nur wenige Erfahrungen hatte, gelang es ihm in nur sieben Jahren, dass 14 Prozent der Berliner Bierproduktion von Schultheiss kam.

Aus gesundheitlichen Gründen musste er sich 1864 aus seinem Unternehmen zurückziehen und verkaufte es an den Kaufmann und Hoflieferanten Adolf Roesicke. Dessen Sohn Richard führte die Brauerei unter dem erfolgreichen Namen Schultheiss weiter und verlagerte Brauerei und Firmensitz endgültig an die Schönhauser Allee. Die größte Innovation war 1883 der Kauf einer Kältemaschine der Firma Linde, die Schultheiss nun vom Natureis unabhängig machte.

Der Berliner Architekt Heinrich Schwechten erhielt den Auftrag, die Planung für die Modernisierung bestehender Gebäude sowie eine Vergrößerung durch Neubauten zu übernehmen. Auch sollte er der gesamten Anlage ein geschlossenes Erscheinungsbild geben. So entwarf Schwechten eine Anlage im Stil einer mittelalterlichen Burg mit verschiedenen Höfen, um die sich die einzelnen Gebäude gruppierten. 1891 übernahm Schultheiss den bis dahin größten Konkurrenten im Süden Berlins. Mit dem Kauf der Tivoli-Brauerei am Kreuzberg war Schultheiss vorübergehend die größte Brauerei Deutschlands.

Den Krieg überstanden die Gebäude ohne größere Schäden. Danach beschlagnahmte die sowjetische Besatzungsmacht das Unternehmen und führte es bis zur Umwandlung in den volkseigenen Betrieb VEB Schultheiss-Brauerei Schönhauser Allee weiter. 1967 war dann Schluss mit der Bierproduktion. Die Anlagen waren mittlerweile total überaltert. Was am Maschinenpark noch brauchbar war, wurde demontiert. Ein Teil der Gebäude wurde nun als Sportcasino oder Möbelgroßmarkt genutzt. 1996 entwickelte die Treuhandliegenschaftsgesellschaft (TLG) ein Nutzungskonzept, das eine kulturelle Mischnutzung vorsah, die sich mit den Belangen des Denkmalschutzes vereinbaren ließ.

Am 19. September 1998 erfolgte der erste Spatenstich und zwei Jahre später waren die Sanierungsarbeiten abgeschlossen – die Kulturbrauerei war geboren. Nach und nach bezogen unterschiedliche Kulturbetriebe die einstigen Brauereigebäude. So gibt es neben anderem ein Kino, das Theater RambaZamba, das PANDA, ein Veranstaltungsort für russische Konzerte und Lesungen, die Literaturwerkstatt Berlin, Verlage, die Schule für Bildende Kunst und Gestaltung, verschiedene Clubs und Restaurants sowie die Sammlung Industrielle Gestaltung der Stiftung Haus der Geschichte.

Wo Sie jetzt so viel von Brauereien und Bier gesehen und gelesen haben, sollte nun die Praxis auch nicht zu kurz kommen, denn Bier und gute Kneipen gibt es in Prenzlauer Berg mehr als zur Genüge.

Charlottenburg

Ein Hauch von Boheme
Zwischen Fasanenstraße und Savignyplatz

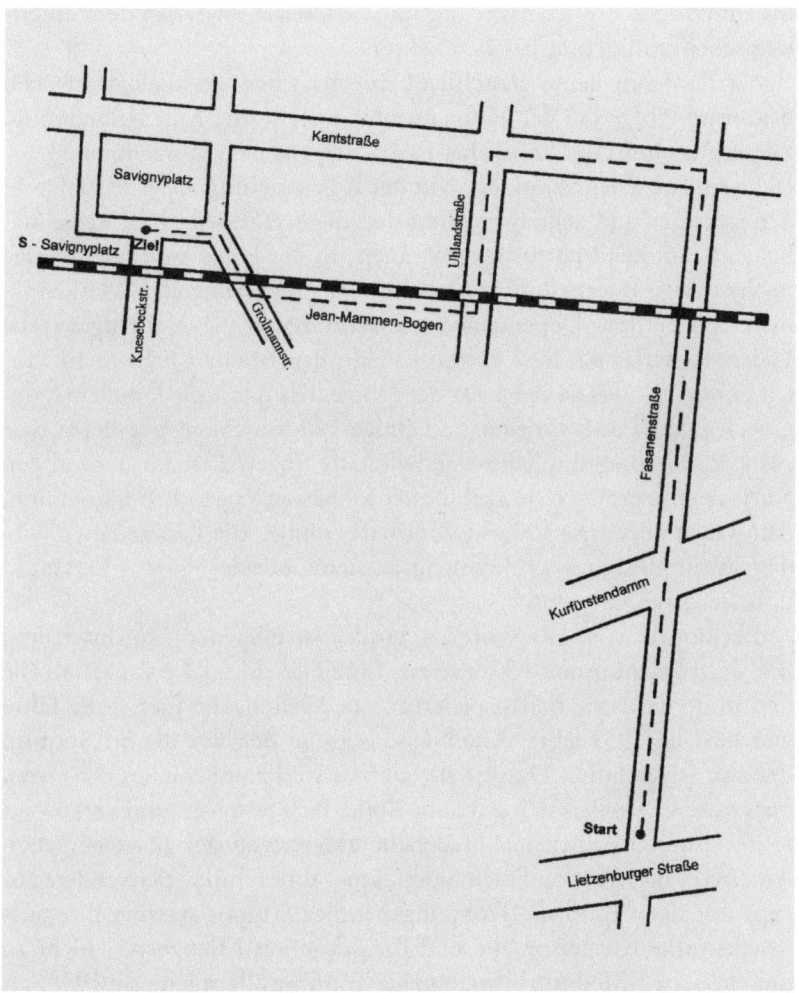

Ausgangspunkt: Lietzenburger Straße, Ecke Fasanenstraße
Endpunkt: S-Bahnhof Savignyplatz

Was soll an dieser doch etwas tristen Ecke, wo Fasanenstraße und Lietzenburger Straße sich kreuzen, interessant sein? Eigentlich nichts, wenn man davon absieht, dass die Lietzenburger Straße einmal eine Grenze war. Nicht nur eine Grenze zwischen den Bezirken Charlottenburg und Wilmersdorf, die ja durch die Bezirksreform 2001 aufgehoben wurde, sondern eine politische Grenze, bedingt durch die Nachkriegsteilung Berlins in vier alliierte Sektoren. Die Straße war so bis zum Tag der Wiedervereinigung die Grenze zwischen dem amerikanischen und dem britischen Sektor.

Wir flanieren heute ausschließlich durch den einstigen britischen Sektor und folgen so der Fasanenstraße in Richtung Kurfürstendamm. Dieser Abschnitt der Straße hat in den vergangenen Jahrzehnten mehrfach sein Aussehen verändert. Mit der Restaurierung vieler Fassaden in den siebziger und achtziger Jahren hat die Straße von ihrer ursprünglichen Schönheit viel zurückgewonnen. In der Folge eröffneten einige hochkarätige internationale Nobelfirmen mit klangvollen Markennamen ihre Berliner Dependance und verdrängten dabei alteingesessene Ladengeschäfte, da diese die nun steigenden Mieten nicht mehr zahlen konnten – das ist der Lauf der Dinge. Als dann die Geschäfte von Gucci, Dior, Louis Vuitton und Bulgari hier nicht so gut liefen, wie man sich das ursprünglich vorgestellt hatte, zogen diese Firmen auf den Kurfürstendamm, wo sie auch besser hinpassen. Eigentlich hätten nun, dem Gesetz der freien Marktwirtschaft zufolge, die Ladenmieten wieder sinken müssen, was aber nicht passierte, mit der Folge – Leerstand in bester Lage.

»Berühmtheit ist ein Wort im Sande« ist über dem Torgdurchgang mit der Hausnummer 69 zu lesen. Eine Gedenktafel erinnert an die berühmte dänische Schauspielerin Asta Nielsen, die hier sechs Jahre von 1931 bis 1937 lebte. Asta Nielsens große Zeit war der Stummfilm der zwanziger Jahre. Da war sie ein Star und galt als eines der ersten Sexsymbole. Sie ließ sich auf kein Rollenfach festlegen und verkörperte die unterschiedlichsten Frauencharaktere, von der ausgemergelten Arbeiterin bis zur mondänen Salondame. Ihre Filmkarriere endete abrupt mit dem Tonfilm. Trotz angenehmer Stimme passten ihre ausdrucksstarke Körpersprache und ihr gekonntes Mienenspiel nicht zu diesem neuen Medium. Ihre einzige Tonfilmrolle spielte sie 1932, als sie unter der Regie von Erich Waschneck in dem Film »Unmögliche Liebe« vor der Kamera stand. Danach lehnte sie alle Filmangebote ab und widmete sich fortan ausschließlich dem Theater.

Die ältesten und schönsten Häuser der Fasanenstraße sind die mit den Hausnummern 23-26. In Nummer 26 lebte Eugenio Pacelli, den Papst Pius XI. 1920 zum Nuntius für die Weimarer Republik ernann-

Fasanenstraße, Ecke Hagenauer Straße, spätere Ludwigkirchstraße, 1900

te. Hatte er anfangs seinen Amtssitz in München, so verlegte er ihn 1925 nach Berlin-Tiergarten. Bis zu seiner Abberufung 1929 wohnte er in der zweiten Etage des Hauses. Pacelli wurde anschließend Kardinalstaatssekretär und war in dieser Funktion der wichtigste außenpolitische Berater des amtierenden Papstes. Als dieser starb, wählten die Kardinäle Pacelli am 2. März 1939, seinem 63. Geburtstag, zum Nachfolger als Pius XII. Seine taktierende Rolle in der Nazizeit prangerte 1963 Rolf Hochhuth in seinem Theaterstück »Der Stellvertreter« an.

Als ich vor einigen Jahren wieder einmal das Haus bewundernd betrachtete, blickte ich aus purer Neugierde auf das Klingeltableau um zu sehen, wer heute in der Wohnung Pacellis lebt. Mein Erstaunen war groß als ich den Namen »Papst« las.

Nebenan zeigt die Villa Grisebach eine kunstvolle schmiedeeiserne Verzierung oben an der Regenrinne. Das Gebäude war die Stadtvilla des renommierten Architekten Hans Grisebach, einem Mitglied der Königlichen Akademie der Künste. Grisebach entwarf häufig im Stil des Historismus und der deutschen Neorenaissance. Neben seinem eigenen Wohnhaus plante er mit seinem Partner August Dinklage die Kreuzberger Hochbahn-Station Schlesisches Tor (1899-1901) und ebenfalls hier in der Fasanenstraße 39 ein ungewöhnlich schmales Wohnhaus (1902-03), in das er zahlreiche in Holland erworbene historische Bauteile in Fassade und Treppenhaus einbauen ließ. Der bekannteste von ihm entworfene Bau ist Haus Wiesenstein im schlesischen Agnetendorf, in dem Gerhart Hauptmann bis zu seinem Tod lebte.

Im angrenzenden Gebäude befindet sich der Eingang zum Käthe-Kollwitz-Museum. Die 1871 von dem Maurermeister Mertens errichtete Stadtvilla war das erste Haus in der Fasanenstraße. Bereits 1897 wurde durch einen Umbau nach Plänen von Hans Grisebach zu einem Palais im spätklassizistischen Stil umgestaltet. Die einzigartige Kollwitz-Sammlung, bestehend aus 100 Druckgraphiken und 70 Handzeichnungen fand nach dem Tod von Hans Pels-Leusden als Stiftung hier einen festen Ausstellungsort. Der 1993 verstorbene Galerist, Sammler und Künstler war einer der bedeutendsten Kunsthändler im Nachkriegsberlin. Er hatte mit einem Antiquariat begonnen, das er nach und nach in einen Kunsthandel umwandelte. Seine Galerie am Olivaer Platz war einer der wichtigsten Orte der Berliner Kunstszene, wo er neben Lovis Corinth, Max Slevogt, Ernst Ludwig Kirchner, Erich Heckel und Ludwig Meidner auch unbekannte Künstler ausstellte.

Hier bietet sich eine gute Gelegenheit, hinter die Gebäude in die miteinander verbundenen Höfe zu schauen, wo einige Skulpturen zu entdecken sind. Nur wenige Schritte von der Straße entfernt ist es plötzlich ruhig und grün – und das nur 100 Meter vom lauten Kurfürstendamm entfernt. Vom Hof aus ist auch der Garten des Nachbarhauses zu betreten, in dem sich seit 1986 das Literaturhaus Berlin befindet. Die Klinkervilla mit vorgelagertem Wintergarten schmiegt sich an die hohe Brandmauer des Nachbarhauses.

Kommerzienrat Hermann Gruson, Gründer der Magdeburger Gruson-Werke, ließ die Villa von einem Schüler des berühmten Architekten August Stüler errichten, um sie seiner Tochter Louise und seinem Schwiegersohn, dem Korvettenkapitän Richard Hildebrandt, zur Hochzeit zu schenken. Zum Zeitpunkt der Eheschließung hatte sich der Korvettenkapitän bereits von der rauen Seefahrt zurückgezogen und war nun im Hydrographischen Büro des Reichsmarineamtes in Berlin angestellt. In seiner aktiven Seefahrerzeit, die im Alter von 16 Jahren begonnen hatte, hatte Hildebrandt alle Weltmeere befahren und dabei viele Abenteuer erlebt, darunter zwei Nordpolexpeditionen. Am 15. Juni 1869 liefen die beiden Schiffe Germania und Hansa von Bremerhaven zur zweiten deutschen Nordpolarfahrt aus. Stolz winkend befand sich unter den zahlreichen Schaulustigen am Kai auch König Wilhelm. Richard Hildebrandt fuhr damals als Erster Offizier auf der Hansa. Ziel der Expedition war, einen eisfreien Weg zur Ostküste Grönlands zu finden. Durch dichten Nebel und undurchdringbare Eismassen wurden die beiden Schiffe voneinander getrennt. Die Hansa versuchte nun auf eigene Faust die grönländische Küste zu erreichen, was aber nicht gelang, da das Schiff bald von Eismassen eingeschlossen war. Bevor das Schiff vom Eis zerquetscht im Meer versank, hatte die Besatzung zwei Rettungsboote sowie alles Brauchbare vom Schiff geschafft und eine schützende Hütte auf einem Eisfeld errichtet. Mehrere Monate mussten die 13 Besatzungsmitglieder auf dieser Eisscholle, in der Hoffnung auf Rettung, verbringen. Als das Eis brach flüchtete sich die Mannschaft in die Rettungsboote. Nach insgesamt neun Monaten, mehrfach durch schwere Stürme bedroht, erreichten sie die steil abfallenden Klippen an Grönlands Küste. Am Morgen des 13. Juni 1870 fanden die Seeleute endlich eine Bucht, die es ihnen ermöglichte, an Land zu gehen. Nach einer kurzen Erholungszeit kehrten die Schiffbrüchigen über Kopenhagen nach Deutschland zurück und wurden bei ihrer Ankunft begeistert gefeiert. Der Ort, an dem die Seeleute Grönland erreichten, trägt seither den Namen Kap Hildebrandt. Vier Jahre nach der glücklichen Rückkehr segelte der Korvettenkapitän in den Hafen der Ehe und fühlte sich mit seiner Ehefrau in der neuen Villa in der Fasanenstraße ausgesprochen wohl.

Die Häuser Nr. 23 bis 25 wurden von den Bomben des Zweiten Weltkriegs stark beschädigt und ihre Dächer teilweise zerstört. Im Erdgeschoss der Hildebrandt-Villa eröffnete in den sechziger Jahren eine Striptease-Bar, die im Mai 1965 für Schlagzeilen sorgte. Die BZ berichtete unter der Überschrift »Tod im Nachtlokal« über ein 14 Monate altes indisches Elefantenbaby, das auf den Namen »Berolina« hörte, im Keller des Hauses eingesperrt war und dort qualvoll verendete. Der kleine Elefant musste zuvor fast jeden Abend vor den Gästen tanzen, Mundharmonika spielen und am Ende seines Auftritts sogar eine Stripteasetänzerin entkleiden. Eine schwere Bronchitis mit nachfolgender Lungenentzündung führte zum Tod des Tieres.

Seit den sechziger Jahren gab es Ärger um den Flächennutzungsplan, der nichts Gutes für die Stadtvillen der Fasanenstraße vorsah. Die Stadtplaner wollten allen Ernstes die gesamte westliche Randbebauung der Fasanenstraße, mit dem sogenannten Wintergarten Ensemble komplett abbrechen, um es der autogerechten Stadt zu opfern. Geplant war nach der Verbreiterung der Fasanenstraße eine Hochstraße zu bauen, um den Autofahrern eine schnelle Verbindung zwischen der Bundesallee und der Straße des 17. Juni zu schaffen. Da eine Untertunnelung wegen der bestehenden U-Bahnlinie nicht machbar war, sollte der Verkehr kreuzungsfrei über den Kurfürstendamm »schweben«. Eine Bürgerinitiative schaffte Öffentlichkeit und verhinderte den drohenden Abriss.

Als die Brückenpläne vom Tisch waren, kaufte der Kaufhauskonzern Wertheim die Stadtvillen. Auch er wollte sie abreißen und durch einen Hotel- oder Parkhausneubau ersetzen. Zum Glück stemmte sich

Dorett-Tanz-Bar, 2001. Foto: Barbara Esch-Marowski

die Bürgerinitiative auch gegen diese Pläne – mit Erfolg. Wertheim verkaufte daraufhin 1983 an das Land Berlin. Die Häuser Nr. 24 und 25 übernahm die Deutsche Bank, das Haus der Hildebrandts wurde Literaturhaus (mit Lesungen und Ausstellungen). Im Erdgeschoss etablierte sich ein Café und im Untergeschoss eröffnete die Buchhandlung Kohlhaas & Company.

Auf der gegenüberliegenden Seite weist ein Neonschriftzug schwungvoll auf die Dorett-Bar hin. Eine derartige Neonreklame im Stil der fünfziger Jahre ist heute nur noch selten im Stadtbild zu finden und somit im besten Sinne des Wortes schützenswert. Da das Haus mit seiner Fassadengestaltung heute unter Denkmalschutz steht, wird der Schriftzug wohl erhalten bleiben – zumindest so lange wie es die Dorett-Bar gibt. Manchmal sorgen die Gäste der Bar auch für Schlagzeilen, so am 15. April 2008 in der BZ. »Feierten Franjo Pooths Sparkassen-Freunde in dieser Berliner Rotlicht-Bar auf Spesenkosten?« Das Boulevardblatt berief sich dabei auf einen Bericht von Spiegel TV, der aufgedeckt hatte, dass »der ehemalige Vorstand der Düsseldorfer Sparkasse, Karl Heinz Stiegemann, der Pooth Millionenkredite bewilligte«, sich hier vergnügt haben soll – und zwar auf Kosten des Bankinstituts. Eine Rechnung der Dorett-Bar über 1250 Euro soll Stiegemann als Spesen eingereicht haben, die dann bei der Überprüfung der Sparkasse auftauchte.

Früher gab es neben dem Eingang zur Bar einen Schaukasten, in dem ab 20 Uhr die Fotos der Damen ausgehängt wurden, die in der

Kurfürstendamm 27, Ecke Fasanenstraße, um 1946. Foto: Durnick

Nacht die Hüllen fallen ließen. Vor einiger Zeit verschwand der Kasten zugunsten eines Geldautomaten, was angesichts der dort üblichen Preise ganz sinnvoll ist.

Nach wenigen Schritten ist der Kurfürstendamm erreicht, dessen 125. Geburtstag 2011 kräftig gefeiert wurde. Seit Jahrzehnten wird ja immer wieder darüber gestritten, ob er eine Prachtstraße oder ein Fast Food-Boulevard sei. Meine persönliche Meinung dazu: Wenn es den Ku'damm nicht geben würde, müsste man ihn erfinden. Er verkörpert mit seiner Runzligkeit und manchen Merkwürdigkeiten genau das, was Berlin ausmacht. Schon die Tatsache, dass der Kurfürstendamm der einzige Boulevard einer Weltstadt ist, der nicht mit der Nr. 1 sondern mit Nr. 10 beginnt, zeichnet ihn aus. Die Straße erstreckte sich ursprünglich vom heutigen Rathenauplatz bis zur Corneliusbrücke am Rande des Tiergartens. Als 1925 Reichspräsident Friedrich Ebert bei einer Blinddarmoperation verstarb, brauchte man eine repräsentative Straße, die in Zukunft seinen Namen tragen sollte. So wurde aus der damaligen Budapester Straße, die das Brandenburger Tor mit dem Potsdamer Platz verband, die heutige Ebertstraße. Um die Ungarn nicht zu verärgern, wurde beschlossen den Kurfürstendamm an der Gedächtniskirche enden zu lassen und den Abschnitt bis zur Corneliusbrücke nun Budapester Straße zu nennen. Das beruhigte die Magyaren, aber nicht die Geschäftsleute und Anwohner des Kurfürstendamms, die bei einer Veränderung der Nummerierung alle Drucksachen, Stempel und Briefpapiere hätten ändern müssen. Nach

Café »Kempinski«, Kurfürstendamm, Ecke Fasanenstraße, 1926

umfangreichen Protesten blieb die alte Nummerierung erhalten und alle waren zufrieden.

Im Eckhaus auf der Straßenseite der Dorett-Bar gab es vor dem Ersten Weltkrieg das Café-Restaurant Sanssouci. 1914 übernahm Rudolf Nelson, einer der erfolgreichsten deutschen Komponisten und Arrangeure großer Revuen der zwanziger Jahre, die Räume und baute sie um zum Nelson-Theater. 1926 brachte Nelson mit »Turmhoch überragend«, eine sogenannte »Negerrevue« auf die Bühne, in der eine junge, dunkelhäutige Tänzerin, bekleidet nur mit einem Bananenröckchen, über die Bühne hopste – Josephine Baker. Es war ihr erster Auftritt in Berlin und das Publikum feierte die schwarze Schönheit mit großer Begeisterung.

Ende der zwanziger Jahre war die Zeit der großen Revuen vorbei. Die Folgen des Krieges – und später die Weltwirtschaftskrise – hatten tiefe Spuren hinterlassen. Opulente Ausstattungs-Shows fanden immer seltener genügend Publikum. Das spürte auch Rudolf Nelson, der wegen finanzieller Probleme 1927 sein Nelson-Theater schloss.

Auf der anderen Seite des Kurfürstendamms erinnert neben dem heutigen Eingang zum Hotel Kempinski eine Messingtafel an die »Arisierung« des Restaurants. Der Text lautet: »Hier stand seit 1928 ein Kempinski-Restaurant. Es war ein weltweit bekanntes Symbol Berliner Gastlichkeit. Weil die Besitzer Juden waren, wurde diese berühmte Gaststätte 1937 »arisiert«, unter Zwang verkauft. Angehöri-

Hotel »Kempinski«, 1952, Architekt: Paul Schwebes. Foto: Gert Schütz

ge der Familie Kempinski wurden umgebracht, andere konnten fliehen. Das 1952 eröffnete Bristol Hotel Kempinski möchte, dass das Schicksal der Gründerfamilie nicht vergessen wird.«

Freiwillig erfolgte die Anbringung der Tafel leider nicht. Fritz Teppich, ein Familienangehöriger der Kempinskis, forderte in jahrelangen Auseinandersetzungen mit den Hoteleignern eine Gedenktafel, die an das Unrecht, das der Familie angetan wurde, erinnert. 1993 gab es

Café Marquardt im Hotel »Kempinski«, 1956. Foto: Willy Kiel

Mahnwachen, die vor dem Hotel mit Transparenten auf ihr Anliegen aufmerksam machten, worauf einige Hotelangestellte äußerst aggressiv reagierten. Erst die Boykottandrohung, dass Juden nicht mehr in Hotels des weltweit agierenden Konzerns übernachten würden, führte zum Einlenken. Zur Anbringung der Tafel 1994 wurde niemand der noch lebenden Angehörigen der Familie Kempinski eingeladen.

Schräg gegenüber dem Hotel steht das Jüdische Gemeindehaus. Es wurde 1959 an der Stelle errichtet, wo die in der Pogromnacht zum 9. November 1938 von den Nazis angezündete Synagoge stand. Die ausgebrannte Ruine existierte noch bis 1958. Zwei Bauteile aus dem Inneren des zerstörten Gotteshauses wurden in die Fassadengestaltung des Gemeindehauses mit einbezogen. Die Skulptur einer zerbrochenen Thorarolle, hinter dem Zaun, erinnert an die Pogromnacht.

Mancher Besucher fragt sich, ob das Wohnhaus gegenüber, mit dem schmiedeeisernen Eingangstor, nun Nummer 12, oder Nummer 15 ist. Als das Haus 1891 erbaut und das Tor kunstvoll geschmiedet wurde, hatte das Gebäude die Nummer 12 wie man noch gut sehen kann. Dann wurde auch in der Fasanenstraße die Nummerierung geändert und seither wohnen die Mieter in Nr. 15.

Zu meinen Lieblingshäusern in der Stadt zählt das Künstlerhaus zum St. Lukas in der Fasanenstraße 13, unmittelbar neben der Bahnbrücke. Wie eine Trutzburg wirkt dieser aus roten Rathenower Ziegeln 1890 fertiggestellte Bau, der den Bombenkrieg recht gut überstanden hat, und dem bisher auch die ständigen Erschütterungen nichts anhaben konnten, die unzählige Fern- und S-Bahnzüge verursachen, die Tag für Tag im Minutentakt über die Gleise der Stadtbahn rattern.

Der Baumeister Bernhard Sehring komponierte hier einen wahren »Stilmix«, der bis heute den Betrachter fasziniert. Obwohl zahlreiche Gestaltungselemente vom Historismus beeinflusst sind, ist die glatte Fassade aus großformatigem Ziegelmauerwerk mit den unterschiedlich großen Fenstern doch der Moderne zuzuordnen. Zum vielfältigen Fassadenschmuck gehören Pferdeköpfe, Lorbeerkränze, Putten, Berliner Bären und zwei steinerne ägyptische Löwen, die den Eingang bewachen. Die Bären tragen Kronen aus Mauerwerk auf dem Kopf und halten mit ihren Tatzen ein Wappenschild, auf dem eine Hand zu sehen ist, die ein »S«, die Insignie Sehrings hält. Das Dach schmückt ein kleines Türmchen, von dem man, als die Bebauung Charlottenburgs noch nicht so hoch war, bis zum Grunewald blicken konnte. Ein aus dünnen Bleiplatten plastisch gestalteter Storch, der durch seine treffende Farbgestaltung auf den ersten Blick verblüffend echt wirkt, schaut seit vielen Jahren ungerührt über die Dachlandschaft

Synagoge in der Fasanenstraße vor ihrer Zerstörung. Foto: Waldemar Titzenthaler

der angrenzenden Straßen. In seiner Nähe ist auch ein steinerner Ritter zu entdecken, der, obwohl ihm das Schwert abhanden gekommen ist, seine Ähnlichkeit zum Roland von Stendal nicht verleugnen kann.

Am höchsten Punkt des Daches steht eine Wetterfahne. Sie zeigt nicht nur die Windrichtung an, sondern bildet auch, und das ist bei so einem Gebäude besonders wichtig, St. Florian ab, den Schutzpatron gegen die Feuersgefahr. In seiner Hand hält er eine Gießkanne, mit der er Wasser auf das neben ihm stehende Modell des Hauses gießt. Ganz oben thront ein Fasan, denn wir befinden uns ja in der Fasanenstraße, an deren Ende es früher eine Königliche Fasanerie gab.

Bernhard Sehring, der nicht nur das Gebäude entwarf, es war auch sein Eigentum, hatte das Haus als Wohn- und Arbeitsstätte für Künstler konzipiert, mit rund 20 Wohnungen und unterschiedlich großen Ateliers für Bildhauer und Maler. Da Sehring wusste, dass die Einkommen von Künstlern starken Schwankungen unterworfen sind, kümmerte er sich persönlich darum, dass häufig kaufkräftige und potentielle Kunden die Ateliers besuchten. Dabei dachte er nicht nur an das Wohl der Künstler, sondern auch an die monatlichen Mietzahlungen, die diese an ihn leisten sollten. So erfand Sehring seine »Freitagabende«, die sich in der Stadt schnell herumsprachen und so die vornehmen und kaufkräftigen Berliner in die Fasanenstraße lockten.

Die Besucher wurden von Sehring mit einem Glas Champagner persönlich empfangen und anschließend in die »Künstlerklause zum St. Lukas« geführt, die sich im rechten Hofgebäude befand. Dort servierte die Ehefrau des Portiers, in mittelalterlicher Kostümierung, warme Würstchen mit Sauerkraut. Dazu gab es reichlich Bier, das, der in ein Pagenkleid gesteckte Kellner Lutz frisch zapfte. Meist ging es schon sehr fidel in der Klause zu, bevor der zweite Teil des Abends begann. Es folgte ein Rundgang durch die Ateliers der einzelnen Künstler. In sehr privater Atmosphäre kamen so Künstler und potentielle Käufer zwanglos ins Gespräch. Wenn sich, am Ende eines langen Abends, die Gäste verabschiedeten, hatten diverse Kunstwerke den Besitzer gewechselt. So kamen die Künstler zu regelmäßigen Einnahmen und der Hausbesitzer zu seiner Miete – ein gut funktionierender Kreislauf.

Zu den Künstlern, die hier lebten, gehörte Max Kruse, einer der bekanntesten Bildhauer seiner Zeit. In seinem Atelier entstand der Siegesbote von Marathon, der ihm 1881 auf der Akademie-Ausstellung in Berlin die Kleine Goldene Medaille einbrachte. Kurze Zeit später erhielt er den Auftrag, die Statue für die Nationalgalerie in Bronze gießen zu lassen.

Im Café des Westens, einst beliebtester Treffpunkt der Künstler in der Stadt, lernte Kruse eine achtzehnjährige Schauspielerin kennen, die an diesem Abend mit ihren Freundinnen ihr erstes festes Engagement feierte. Die junge Frau hieß Käthe Simon, war in Breslau geboren und stammte aus ärmlichen Verhältnissen. Sie hatte an einer Schauspielschule Unterricht genommen und nach der Abschlussprüfung ein Engagement auf Probe am Lessing Theater erhalten.

Max Kruse lud die zierliche, kleine Frau, die ihr Haar meist zu langen Zöpfen oder seitlichen Schnecken geflochten trug, ein, ihn am nächsten Tag im Atelier zu besuchen. Sie war beeindruckt von dem 30 Jahre älteren Mann, der durch seinen »Siegesboten« zumindest in Berlin schon recht bekannt war, und Kruse fühlte sich geschmeichelt. So kam man sich näher, die Besuche wurden häufiger und als sie noch nicht einmal 20 Jahre alt war, bekam sie ihr erstes Kind. Etwas später wurde geheiratet, und da der Bildhauer sehr eifersüchtig war, drängte er seine Frau, den Theaterberuf an den Nagel zu hängen.

Zum Weihnachtsfest des Jahres 1905 wünschte sich Tochter Mimerle, sie hieß eigentlich Maria Speranza, eine Puppe. Da der Vater keine fand, die ihm geeignet schien, ermunterte er seine Frau, doch eine anschmiegsame Puppe, die die Tochter mit ins Bett nehmen konnte, selbst herzustellen: »Eine bessere Gelegenheit, dich künstlerisch zu entwickeln, kannst du dir gar nicht wünschen.«

Käthe Kruse beschrieb später selbst den Weg zur ersten Puppe: »Nun, der Beginn dieser meiner neuen künstlerischen Entwicklung sah primitiv aus. Ich nahm ein Handtuch, füllte seine Mitte mit (warmem!) Sande, machte Knoten aus den Enden (das wurden die Arme und Beine) und band in ein Stückchen Längsseite des Handtuches eine Kartoffel. Das war der Kopf. Mit einem abgebrannten Streichhölzchen erhielt er Augen, Mund und Nasenlöcher, – Mimerle war glücklich und liebte ihre Bambina abgöttisch. – Und ich sah gleich, was sie daran liebte, und warum: Es war so schön schwer! Sie hatte was zu schleppen. Und sie saß stundenlang auf ihrem Stühlchen, das schwere Sandsäckchen mit den bammelnden Gliedern im Arm und sang ihm alle ihre Kinderlieder vor. Die geborene schützende kleine Mutter.«

In den folgenden Jahren wuchs die Familie auf acht Kinder an, von denen ein Kind aber früh verstarb. Also wurden immer neue Puppen benötigt, auch für die Nachbarskinder, wo sich schnell herumgesprochen hatte, wie lieb die Puppen waren. Diese Mundpropaganda mündete letztlich in die Aufforderung zur Teilnahme an einer Ausstellung unter dem Titel »Spielzeug aus eigener Hand«. Veranstaltungsort war das Warenhaus Hermann Tietz in der Leipziger Straße am Dönhoffplatz. Käthe Kruse stellte zu diesem Zweck einige unterschiedliche Puppen her, die sich alle durch Lebendigkeit und Individualität auszeichneten.

Bereits wenige Tage nach Ausstellungsbeginn gab es zahlreiche Anfragen von Kunden, wo denn diese Puppen zu erwerben seien. Auch in den Zeitungen tauchte immer wieder der Name Käthe Kruse auf und ein Bericht lobte unter der Überschrift »Ei des Kolombus«: »Vor dieser Puppe stehen Künstler *und* Laien bewundernd«.

Bald trafen Anfragen von Spielwarenhändlern aus dem In- und Ausland ein. Käthe Kruse zögerte nicht lange und begann in der Wohnung im dritten Stock des Künstlerhauses mit der Produktion. Bald wurde es in der Wohnung zu eng, zumal helfende Hände eingestellt werden mussten. So verließ Käthe Kruse 1912 mit den Kindern Berlin und ging nach Bad Kösen, wo ihr eine größere Produktionsstätte angeboten worden war, und wo sie einige Frauen zur Herstellung der Puppen einstellte. Außerdem begann sie einen Vertrieb aufzubauen, um die immer beliebter werdenden Käthe-Kruse-Puppen, in immer größeren Mengen, in viele Länder der Welt zu verschicken.

Die Kruses führten nun eine Fernehe, da Max weiterhin in der Fasanenstraße sein Atelier behielt. Die Familie verreiste regelmäßig zusammen und besuchte sich gegenseitig. Beide Eheleute konnten mit dieser neuen Situation gut umgehen, da sie wussten, dass Max den Erfolg seiner Frau und die damit verbundene Unruhe nur schwer ertragen konnte.

Sieben Jahre nach Fertigstellung des Künstlerhauses begann Bernhard Sehring, schräg gegenüber vom Künstlerhaus, auf der anderen Seite der Kantstraße, mit dem Bau eines Theaters. Die Idee dazu war

Theater des Westens, Fassade zur Kantstraße, 1897

an einem seiner »Freitagabende« entstanden, bei einem Gespräch über die zukünftige Entwicklung von Charlottenburg, insbesondere über die Chancen des »Neuen Westens«. Sehring war der Meinung, dass ein Theater helfen könnte, die Stadterweiterung populärer zu machen. Aber wie ein Theater bauen – ohne Kapital?. An Einfällen nie verlegen, kam er auf die Idee, einen unbebauten Kohlenplatz, der zum Besitz der Meierei Bolle gehörte, mit einem Bauzaun zu umgeben und ihn anschließend mit Riesenlettern zu beschriften: »Neubau Theater des Westens«.

Sehring besaß dafür kein eigenes Geld und für das Baugrundstück war nur ein Vorkaufsrecht vereinbart. Allein durch die Ankündigung auf dem Bauzaun meldeten sich mehrere Bauunternehmer und Handwerksbetriebe, die sich um Aufträge bewarben. Sehring erklärte ihnen, dass er kein Geld hätte, aber bereit sei, wenn jeder seine Arbeit auf eigene Kosten ausführt, ihn mit dieser Summe zum Teilhaber an seinem Unternehmen zu machen. Es gelang ihm tatsächlich, viele von seiner Idee, die bis dahin reine Spekulation war, zu überzeugen.

Die ersten Steine und der Zement wurden auf Wechsel gekauft, dann begannen die Bauarbeiten. Insgesamt wurden sechs Millionen Reichsmark verbaut, und Sehring war überzeugt, dass, wenn der Bau erst einmal fertiggestellt sei, er sein Geld schnell wieder einspielen würde. So entstand in nur einem Jahr Bauzeit der stattliche Theaterbau, bei dessen Fertigstellung, sozusagen als Sahnehäubchen, Max Kruses »Siegesbote« als Nachguss auf dem Giebel des Gebäudes seinen Platz fand.

Delphi-Palast, Restaurant, Bar, Conditorei, um 1940

1896 wurde das Haus als Goethe-Theater eröffnet und Alfred Kerr schrieb begeistert: »Das neue Bühnenhaus von Sehring ist in seiner Weise etwas Großartiges. Es ist von höchster Eleganz; von einer nicht immer manierfreien Beschaffenheit und einer gewissen Neigung zu Kinkerlitzchen, aber doch so vornehm, stolz und lebensheiter, wie es in deutschredenden Landen wahrscheinlich kein Privatgebäude geben wird.« Die Besucher nahmen das neue Theater sofort an, so dass alle Handwerker und das Grundstück wie vereinbart bezahlt werden konnten. Kerr, der überzeugt war, dass Sehrings Bauten Charlottenburg gewaltig aufwerten werden, schrieb: »Ich sehe ihn bereits als Ehrenbürger von Charlottenburg enden«.

Als während des Krieges die Deutsche Oper an der Bismarckstraße zerstört wurde, machte man das heutige Theater des Westens zur »Volksoper«. Erst seit 1961, nach der Einweihung des neuen Opernhauses an der Bismarckstraße, zog die leichte Muse, sprich Operette und Musical, in das Haus. Zur schwungvollen Eröffnung hatte das Erfolgsmusical »My Fair Lady«, mit Karin Hübner als Elisa und Paul Hubschmidt als Professor Higgins seine Deutschlandpremiere.

Am 1. Mai 1928 öffnete zwischen dem Theaterbau und der Fasanenstraße das Delphi, ein Tanzpalast der Extraklasse, seine Türen. Im Erdgeschoss des zweigeschossigen Casinobaus befand sich das »Empire«, ein Café mit großer Terrasse und einem angrenzenden Sommergarten. In der ersten Etage dann zwei große Salons, jeweils mit Bühne und durch eine Mauer voneinander getrennt. Bereits wenige Monate nach der Eröffnung wurden beide Salons miteinander zu einem großen Tanzsaal verbunden. 660 Personen fanden Platz und es gab eine fast 450 Quadratmeter große Tanzfläche. Über den nach flotten Rhythmen tanzenden Paaren leuchtete ein Sternenhimmel aus Hunderten von Glühbirnen von der dunkelblau gestrichenen Saaldecke.

Hauskapelle war in den dreißiger Jahren der Schweizer Bandleader Teddy Stauffer mit seinen »Original Teddys«, die bei den Berliner Swingbegeisterten hoch im Kurs standen. Während des Krieges – Teddy Stauffer hatte Deutschland verlassen – wurde Heinz Wehner mit dem TELEFUNKEN-Swing-Orchester die neue Stammformation.

1943 zerstörten Fliegerbomben das Delphi. War auch der große Saal eine nicht zu nutzende Ruine, wurde trotzdem weitergetanzt – nun im provisorisch hergerichteten Erdgeschoss. Bereits im Sommer 1945 fand sich das Publikum zu regelmäßigen Jazz-Jamsessions ein. Helmut Zacharias an der Geige und Fritz Schulz-Reichel am Piano eröffneten den Abend und dann konnte, wer sein Instrument gut beherrschte, in die Session einsteigen.

1950 waren die Kriegsschäden beseitigt und es begann ein neues Delphi-Kapitel – nun als großes Kino »Delphi – Filmpalast am Zoo«. Der Haupteingang, ursprünglich zur Kantstraße gelegen, befindet sich seither an der Fasanenstraße. Da wo sich einmal das Café »Empire« befand, bewirtet seit vielen Jahren das »Quasimodo Café« seine Gäste. Auch Jazz gibt es noch immer, heute aber im Keller, im legendären »Quasimodo«.

Der Weg führt nun nach rechts in die Kantstraße, wo uns bei Nummer 153 eine Gedenktafel aufklärt, dass der Ingenieur und Erfinder des Diesel-Motors, Rudolf Diesel, in diesem Haus ein knappes Jahr, von 1893 bis 1994, lebte. Diesel hatte gerade sein Patent auf eine neue Verbrennungsmaschine erhalten und stellte hier in der Kantstraße die Schrift »Theorie und Konstruktion eines rationellen Wärmemotors« fertig.

Im Nebenhaus eine weitere Tafel links vom Eingang. Sie erinnert an Carl von Ossietzky, den Herausgeber der Weltbühne. Ossietzky hatte die Leitung des Verlags, dessen Redaktion sich in der Kantstraße 152 befand, von Siegfried Jacobson (1881-1926) in dessen Todesjahr übernommen. Geplant war eigentlich, dass Kurt Tucholsky die Weltbühne weiterführen sollte, der aber zu dieser Zeit in Paris lebte. So übernahm Ossietzky die Leitung, von dem Jacobson einmal sagte: »Er ist einer der größten Umstandskommissare, die mir je begegnet sind, aber seine Sprache ist nicht von Pappe«. Die kleinen Weltbühne-Heftchen im DIN A5-Format hatten einen Umfang von 32 Seiten und erschienen in einer Auflage von 15.000 Stück. Viele bekann-

Carl von Ossietzky mit Anwälten im »Weltbühnen-Prozess«, 1932. Foto: Leo Rosenthal

te Autoren lieferten Beiträge, und der Ruf der Weltbühne reichte weit über Deutschland hinaus.

Als Pazifist kritisierte Carl von Ossietzky die Deutsche Reichswehr und ihre Rüstungspolitik, worauf er 1931 erstmals wegen Landesverrats ins Gefängnis musste. Im Jahr darauf amnestierte man ihn aber bereits am Morgen nach dem Reichstagsbrand 1933 erfolgte im Rahmen einer politischen »Säuberungsaktion« seine erneute Verhaftung und anschließende Inhaftierung in verschiedenen Konzentrationslager. Als ihm 1936 der Friedensnobelpreis verliehen wurde, durfte er diesen nicht persönlich entgegennehmen. Seine internationale Popularität verhalf ihm, der inzwischen schwer erkrankt war, zu einem Aufenthalt in einer Privatklinik in Nordend, wo er bis zu seinem Tod 1938 unter strengster Bewachung lag.

An der nächsten Kreuzung überqueren wir die Uhlandstraße und folgen ihr bis zur Bahnbrücke, hinter der sich eine Passage entlang der S-Bahngleise nach rechts öffnet. Die Bahnviadukte sind fast 140 Jahre alt. Mit ihrem Bau wurde 1874, gleich nach der Gründung der Stadteisenbahn-Gesellschaft, begonnen, um die Stadtbahn quer durch Berlin fahren zu lassen. Das mit dem Wachsen der Bevölkerung steigende Verkehrsaufkommen machte den Bau der Bahnlinie erforderlich. Um den Straßenverkehr nicht zusätzlich zu behindern, setzte man die Gleise auf die Viadukte und baute Brücken. Die Viaduktbögen dienten in der Anfangszeit als Pferdeställe, denn rechts unseres Weges befanden sich damals die Auslaufflächen einer Reitschule. In dem Bogen direkt an der Uhlandstraße befand sich eine Sattlerei.

Savignyplatz, im Vordergrund die Kantstraße ,mit Blick in die Grolmanstraße, 1902

Das dunkelrote Gebäude am Ende des Weges war das Hauptgebäude der Reitschule. An der Fassade ist noch der Name »Tattersall des Westens« zu erkennen. Tattersall, ein ungewöhnlicher Name für eine Reitschule. Ein Blick ins Lexikon klärt auf, dass es einmal in London einen Stallmeister und Pferdetrainer namens Richard Tattersall (1724–1795) gab. Er trainierte und handelte mit Pferden, betrieb ein Wettbüro und war Eigentümer der Londoner Tageszeitung Morning Post. Seine 1766 eröffneten Stallungen mit Reithalle und Reitbahnen befanden sich an der Südostecke des Hyde Parks. Später erweiterte er seine Reitanlage um zwei elegant ausgestattete Gesellschaftsräume für die Vorstandsmitglieder des Jockey-Clubs. Der Ort entwickelte sich schnell zu einem Treffpunkt der feinen Londoner Gesellschaft. Nach Tattersalls Tod schmückten sich weltweit viele Reitställe und Reitschulen mit seinem Namen.

Eine erfolgreiche Schriftstellerin, die unweit in der Knesebeckstraße 12 lebte, lernte im Charlottenburger Tattersall das Reiten – Hedwig Courths-Mahler (1867-1950). Die Karriere der Vielschreiberin, die insgesamt 208 Unterhaltungsromane und Novellen schrieb, ist beachtlich. Geboren als Ernestine Mahler, war sie das nichteheliche Kind einer Marketenderin und eines Binnenschiffers. Der Vater verstarb noch vor ihrer Geburt und die mit der Situation überforderte Mutter gab das Mädchen in eine Pflegefamilie nach Weißenfels an der Saale, wo es in bescheidenen Verhältnissen aufwuchs.

Nach der Volksschule, die sie früh verließ, um eigenes Geld zu verdienen, wurde sie in Leipzig Hausmädchen, Gesellschafterin und Vorleserin einer alten Dame, die aber bald verstarb. Anschließend arbeitete sie als Verkäuferin in einem Weißwarengeschäft. Schon als Siebzehnjährige schrieb sie ihre erste Erzählung unter dem Titel »Wo die Heide blüht«, die von einer Lokalzeitung in mehreren Fortsetzungen abgedruckt wurde.

1889 heiratete sie den Dekorateur und Maler Fritz Courths und brachte in den folgenden Jahren zwei Töchter auf die Welt. Erst 1904, im Alter von 37 Jahren, erschien im Chemnitzer Tageblatt ihr erster Roman »Licht und Schatten«. Als Autorin änderte sie ihren Vornamen und so wurde aus Ernestine Hedwig. Von nun an ging es Schlag auf Schlag, jedes Jahr erschienen mehrere Romane von ihr, 1920 allein 14. Fast alle Bücher wurden in mehrere Sprachen übersetzt und weltweit erfolgreich verkauft. Ihr Name wurde zum »Synonym für sentimentale Trivialliteratur«. Seit 1905 lebte die Familie in Berlin, erst in Karlshorst und ab 1914 in Charlottenburg. Von ihrem Schreibtisch, der am Eckfenster ihrer großzügigen Beletage-Wohnung stand, genoss sie in den Schreibpausen den Blick auf die Kreuzung der Knesebeckstraße mit der Goethestraße.

Als die Reichsschrifttumskammer sie aufforderte, ihre Romane nationalsozialistischen Vorgaben anzupassen, und sie dem nicht folgte, kam es ab 1935 nur noch zu wenigen Neuauflagen, so dass 1941 nur fünf ihrer Werke lieferbar waren. 1934 verließ sie die Knesebeckstraße und zog nach Tegernsee, wo sie 1950 verstarb. Vielleicht lag es an den Genen – auch ihre Töchter Margarete Elzer (1889-1966) und Elfriede Birkner (1891-1985) wurden Schriftstellerinnen.

Hinter dem Durchgang ist die Grolmanstraße erreicht und wir sehen die Vorderseite des Backsteingebäudes. Das Verwaltungsgebäude des Tattersalls entstand 1900 nach Entwürfen von August Ziechmann und Heinrich Mittag. In der ersten Etage befanden sich ein Casino und Gesellschaftsräume. Während des Zweiten Weltkrieges wurde der Reitbetrieb eingestellt, die Pferde wurden an der »Front« gebraucht. Nach einem Bombenangriff brannte die Reithalle komplett ab, das Hauptgebäude mit dem Restaurant zum Tattersall blieb verschont.

1954 übernahm der ehemalige Schwergewichtsboxer Franz Diener das Lokal, der 1928 seinen Titel als Deutscher Meister durch eine Niederlage nach Punkten an Max Schmeling abgeben musste. Von nun an hieß das Lokal »Franz Diener«. Neben seinen Boxfreunden wurden Künstler wie Georg Grosz, Ernst Deutsch, die Mitglieder der Berliner Stachelschweine, Bob Biberti von den Comedian Harmonists oder Hans Albers zu Stammgästen. Nach Dieners Tod übernahmen Lilo Wirthwein und Rolf Honold das Lokal und führten es als Künst-

Blick vom Savignyplatz in die Grolmanstraße, 1904

lerkneipe fort. Von den illustren Gästen zeugen rund 500 Künstlerportraits aus den letzten 50 Jahren, die die nikotingeschwängerten Wände des Lokals schmücken.

Direkt gegenüber dem Diener, auf der anderen Straßenseite, eröffnete ein anderer Boxer eine Kneipe, die er nach einigen Jahren, im Sommer 2007, schließen musste. Ralf Rocchigiani war seit 1983 Profi und wurde zwei Jahre später Deutscher Meister im Cruisergewicht. Bei vielen Boxfans galt er als wenig ehrgeizig, einer der sein Potential nicht genügend nutzte und dem daher lange Zeit ein internationaler Titel versagt blieb. 1995, seine Zeit als Hauptkämpfer schien vorbei, bekam er das Angebot, gegen den Briten Carl Thompson in dessen Heimatstadt Manchester um den vakanten WBO-Titel im Cruisergewicht zu boxen. Seine Niederlage war bereits fest eingeplant, doch Ralf Rocchigiani leistete dem haushohen Favoriten erbittert Gegenwehr. Nach einem schweren Treffer ging er in der fünften Runde zu Boden, kämpfte sich aber mit großer Energie in den Kampf zurück und schlug in der nächsten Runde den Gegner ebenfalls zu Boden. Eine Runde vor Kampfende musste Thompson dann wegen einer Schulterverletzung aufgeben und Ralf Rocchigiani wurde nach Max Schmeling der zweite deutsche Boxer, der einen Weltmeistertitel im Ausland gewann.

Häufig stand auch Ralfs Bruder Graciano »Rocky« Rocchigiani am Tresen. Zehn Monate jünger als Ralf, war er stets der bekanntere Boxer, der 1988 den IBF-Weltmeistertitel im Supermittelgewicht gewann. In den neunziger Jahren, inzwischen hatte er die Gewichtsklasse gewechselt, kam es zu spektakulären Kämpfen gegen Henry Maske und Dariusz Michalczewski, die er alle verlor. 2003 war seine aktive Zeit zu Ende, sein Name tauchte in den Schlagzeilen der Boulevardpresse aber weiterhin auf. Mehrfach stand er vor Gericht wegen Körperverletzung, Sachbeschädigung und wiederholten Fahrens ohne Führerschein, was ihn 2007 für neun Monate ins Gefängnis brachte.

Auf der gleichen Straßenseite, nur wenige Häuser weiter in Richtung Kurfürstendamm, eine weitere interessante Gaststätte. Das griechische Restaurant Terzo Mondo eröffnete Kostas Papanastasiou 1972. Der 1937 in Thessalien geborene Grieche kam 1956 nach Berlin, um an der Technischen Universität sein Bauingenieur-Studium fortzusetzen. Neben den Vorlesungen besuchte er eine Schauspielschule – und so kam alles anders, Kostas wurde Schauspieler, Musiker und Wirt eines Lokals, das seit der 68er Zeit auch immer ein Treffpunkt linker politischer Gruppen war.

Bekannt wurde der stattliche Grieche den deutschen Fernsehzuschauern in der Rolle des griechischen Wirts Panaiotis Sarikakis aus der Lindenstraße, den er von 1985 bis 1996 verkörperte. Papanastasiou stand aber nicht nur in der Lindenstraße vor der Kamera. Er spielte unter Regie von Bernhard Wicki 1977 in »Die Eroberung der Zitadelle« und 1989 in »Das Spinnennetz«. Aber so ist das häufig zum Leidwesen der Schauspieler, die guten Filme sind schneller vergessen, als elf Jahre wöchentliche Präsenz in Fernsehserien.

Wenden wir uns nun dem Savignyplatz zu. James Hobrecht, der »Vater der Blockrandbebauung«, hat den Platz in seinem »Bebauungsplan von den Umgebungen Berlins«, der 1862 in Kraft trat, als Blockplatz mit sieben Straßeneinmündungen vorgesehen. Begrünt wurde er erst 1892 durch den städtischen Garteninspektor Ludwig Neßler. 1926/27

Blick vom Savignyplatz in die Knesebeckstraße, rechts Carmerstraße, 1900

gestaltete der städtische Gartenbaudirektor Erwin Barth den Platz um. Es entstanden Sitzlauben und Rasenflächen, die von üppigen Staudenrabatten umgeben wurden. Heute steht die Anlage, zu der auch der Kiosk mit seiner Uhr auf dem Dach gehört, unter Denkmalschutz. Er entstand nach Entwurf von Alfred Grenander 1905 und wurde wie der Savignyplatz selbst zum 750-jährigen Stadtgeburtstag 1987 originalgetreu restauriert. Seit 1931 zieren zwei Bronzeskulpturen »Knabe mit Ziege« von August Kraus die nördliche Platzhälfte. Den Krieg überstand nur eine Skulptur unbeschadet, die zweite ist ein in den fünfziger Jahren angefertigter Nachguss.

Nahe den Skulpturen steht das Wohnhaus Savignyplatz 5, in dem der Maler, Graphiker und Karikaturist George Grosz die letzten Tage seines Lebens verbrachte. Eine Bronzetafel, links vom Hauseingang, erinnert an den Mann, der in jungen Jahren, damals hieß er noch Georg Groß, mit großer Begeisterung, fahnenschwenkend in den Ersten Weltkrieg zog und der völlig desillusioniert und politisiert aus dem Krieg zurückkehrte. Seine furchtbaren Kriegserlebnisse verarbeitete er zum Teil mit Karikaturen, in denen er Politik, Wirtschaft und Klerus bloßstellte und verspottete. Da er keinen deutschen Namen mehr tragen mochte, nannte er sich nun George Grosz, wurde Mitglied der KPD (aber nur bis 1922) und schloss sich der Berliner Dada-Bewegung an. 1932 erhielt Grosz einen mehrmonatigen Lehrauftrag für die New Yorker Art Students League. Von dort kehrte er noch einmal nach Deutschland zurück, emigrierte aber 1933 nach der Machtübernahme in die USA. Seine in Deutschland zurückgelassenen Werke wurden als »entartet« eingestuft und von den Nationalsozialisten ins Ausland verschleudert oder verbrannt. 1959 kehrte Grosz gemeinsam mit seiner Frau aus den USA nach Berlin zurück, wo er nur wenig später nach einem feucht-fröhlichen Freundestreffen auf dem Weg zu seiner Wohnung, auf der Treppe so schwer stürzte, dass er an den Folgen starb.

Keine der Straßen im Umfeld des Platzes ist nach einer Frau benannt – mit Ausnahme des kleinen Fußweges zum S-Bahnhof Savignyplatz. Der Weg entlang der Bahnviadukte erhielt vor einigen Jahren den Namen der Schriftstellerin Else Ury. Die Verfasserin der beliebten Nesthäkchen-Romane wurde 1935 aus der Reichsschrifttumskammer ausgeschlossen, 1943 nach Auschwitz deportiert und dort umgebracht.

Wir steigen die Treppen zu den Bahnsteigen nach oben, um dort die Reste eines »Weltbaums« zu bewundern, bevor er womöglich vollends verschwindet. Der Bahnhof wurde am 1. August 1896 eröffnet und ist somit der jüngste S-Bahnhof der Stadtbahn. An seiner Einrichtung war der Baumeister des Theater des Westens und des Künstlerhauses zum St. Lukas, Bernhard Sehring, maßgeblich beteiligt. Er sah ihn für

Savignyplatz, 1945

sein neues Theater – und das hoffentlich zahlreiche Publikum – als äußerst wichtig an. Während die Bauarbeiten am Theater noch in vollem Gange waren, gründete er mit anderen, die an dem Bau des Bahnhofs ebenfalls interessiert waren, einen Garantiefonds, aus dem dann ein Teil der Baukosten bestritten wurde.

90 Jahre nach der Fertigstellung des Bahnhofs kam es in einer kalten Novembernacht des Jahres 1986, nach Betriebsschluss der S-Bahn, gegen 2 Uhr 30 zur Einweihung eines ungewöhnlichen Kunstwerks, dem »Weltbaum II«-Initiator war der Künstler und Naturbewahrer Ben Wagin, der gemeinsam mit 18 Künstlern oder deren Werken, das Gesamtkunstwerk auf einer großen Brandmauer, direkt neben den Gleisen entstehen ließ. 100 Meter lang und 6 ½ Meter hoch sind die Ausmaße dieses Weltbaumes, der als Mahnung zur Erhaltung der Natur gedacht ist. In der Mitte ein halbplastisch auf das Mauerwerk aufgetragener Lebensbaum, geschaffen von dem Bildhauer Siegfried Rieschar. Im Geäst Menschenköpfe, die vor Entsetzen ihre Münder aufreißen, Ohnmacht wird spürbar, Totenschädel kennzeichnen die eigene Vernichtung. Zu beiden Seiten des Baumes einige Türen alter S-Bahnzüge daneben und dazwischen Tafeln, die Bilder, Fotografien oder Texte zeigen. Die Tafeln haben die Größe von S-Bahnfenstern und wurden von Künstlern wie Günter Grass, Joseph Beuys, Gernot Bubenick und anderen zur Verfügung gestellt. Dazwischen Zitate und Sätze, die zum Nachdenken anregen sollen: »Wir trinken, was wir pinkeln«, »Wir rollen sitzend in den Tod« oder »Wir sind die Hautkrankheit der Erde«.

Savignyplatz, 1953. Foto: Peter Grosz (Sohn von George Grosz)

Als der »Weltbaum II« entstand, fuhren noch die alten S-Bahnzüge der Nachkriegszeit. Saß man in einem dieser Waggons und fuhr in den Bahnhof ein, passierte folgendes: Anfangs huschten die Bilder an den Fenstern vorbei, und erst wenn der Fahrer die Bahn abbremste, waren die Motive zu erkennen. Wie bei einem Geldspiel-Automaten, wo verschiedene Fruchtsymbole auf drehenden Walzen vor den Augen vorbeisausen, um dann plötzlich zu stoppen, blieb hier eine der Bild- oder Texttafeln genau vor dem Fenster stehen.

Mit den späteren erneuerten S-Bahnzügen war die Wirkung etwas beeinträchtigt, da die Fenster größer und auch die Abstände zwischen den Fenstern anders waren. Trotzdem waren viele Fahrgäste von der Wirkung und der Botschaft des Kunstwerks angetan. Seitdem das Bahnsteigpersonal eingespart wurde, explodierte die vorher geringe Anzahl der Graffitis. Ganze Sprayer-Kolonnen eroberten nun in den Nachtstunden den Bahnhof und so verschwanden nach und nach fast alle Bildtafeln unter dicken Farbschichten und mussten wegen der drohenden totalen Zerstörung abgebaut werden. Erhalten ist nur der obere Teil des Weltbaums, für den die Sprayer eine Leiter bräuchten. Selbst Ben Wagin, der eigentlich immer optimistisch unter seiner Ginkoblatt-Kappe hervorschaut, hat wenig Hoffnung, dass sein »Weltbaum II« noch einmal komplett zu sehen sein wird.

Dass Kunstwerke an Giebelwänden vergänglich sind, zeigt auch sein erster Weltbaum, den Wagin 1975 an die Brandmauer des Hauses

Savignyplatz, »Zwiebelfisch«, 1986. Foto: Günter Schneider

Siegmundshof 21 in Tiergarten malte und der inzwischen durch bröckelnden Putz und einen großgewachsenen Baum fast unsichtbar ist.

Zum Abschluss noch ein Blick vom gegenüberliegenden Bahnsteig auf die Bleibtreustraße, die der Bahnhof überbrückt. Wir schauen auf die linke Straßenseite, auf das erste Wohnhaus neben den Gleisen. Den meisten Nutzern der S-Bahn, die hier auf ihren Zug in Richtung Friedrichstraße und Alexanderplatz warten, fällt gar nicht auf, dass diesem hell abgeputzten Gebäude einiges fehlt. Das Wohnhaus erhielt im Krieg einen Bombentreffer, der mittig das Gebäude traf, das anschließend wie ein hohler Zahn aussah. Nach Kriegsende wurden die erhalten gebliebenen Teile notdürftig hergerichtet und so blieb diese Teilruine bis in heutige Zeit erhalten. Die apart wirkende Dachwohnung mit Terrasse ist nur der Rest der ursprünglichen vierten Etage des Hauses. Von der Bleibtreustraße aus sieht das Ganze noch merkwürdiger aus. Die Fassade des Hauses Nummer 48 wirkt dreigeteilt. Die Fliegerbombe ließ vom Mittelteil nur das Erdgeschoß und die erste Etage stehen, während der linke Bauteil noch zwei Etagen besitzt. Auf der rechten Seite erkennen wir durch die Bäume drei Etagen und ganz rechts sogar vier mit einem Stück des alten Dachgeschosses.

Häuser, die 68 Jahre nach Kriegsende noch so deutlich die Folgen des Krieges zeigen, sind heute in Charlottenburg eine Rarität. In der ungewöhnlichen Dachwohnung, die vom Bahnsteig aus gut zu sehen ist, wohnte viele Jahre lang der Schauspieler Hanns Zischler.

Grunewald

Wilder Westen im Grunewald
Tausche Ku'damm gegen Villenkolonie

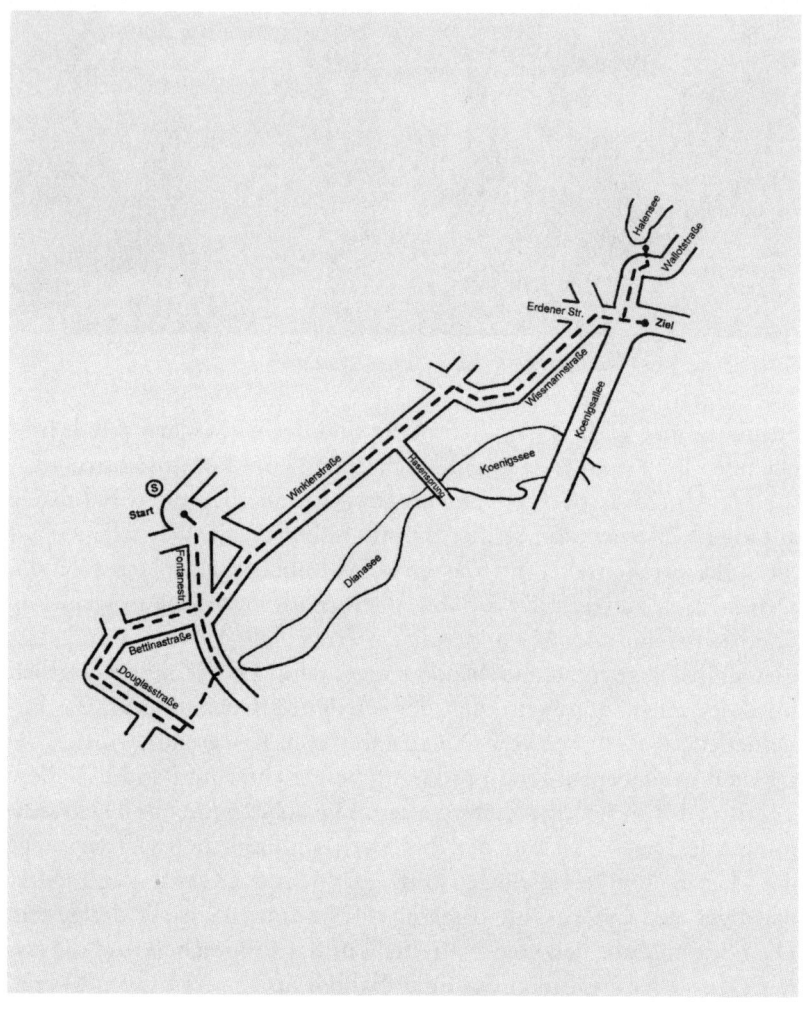

Ausgangspunkt: Am Bahnhof Grunewald, S-Bhf. Grunewald
Endpunkt: Koenigsallee, Ecke Erdener Straße

Es staubte gewaltig. Eine Gruppe von Rothäuten floh auf Pferden vor ihren Verfolgern, die ihnen dicht auf den Fersen waren. Schüsse peitschten, ein Indianer sank getroffen zu Boden. Sein Mörder, ein Cowboy, hielt den rauchenden Colt noch in der Hand und mit der anderen schwang er sein Lasso. Es war das Jahr 1890, und an der Kreuzung Kurfürstendamm, Ecke Joachimstaler Straße lag der Wilde Westen. Buffalo Bill – eigentlich Oberst W.F. Cody, als Showunternehmer zu Weltruhm gelangt – trat mit 200 Cowboys und Indianern, mit Pferden und Büffeln in Berlin auf. Obwohl der Kurfürstendamm schon seit drei Jahren für den Straßenverkehr freigegeben war, standen in diesem neuen Teil Berlins erst wenige Häuser. Hier gab es noch genug Platz für das Spektakel.

Der Bau des Kurfürstendamms war Bestandteil eines Tauschhandels, der dem Wilden Westen tatsächlich alle Ehre gemacht hätte. Beteiligte Parteien: Die Kurfürstendamm-Gesellschaft, in der sich verschiedene Banken zusammengeschlossen hatten, und der preußische Staat. Die Banken verpflichteten sich, den 3,5 Kilometer langen und 53 Meter breiten Kurfürstendamm auf ihre Kosten zu bauen – um im Gegenzug ein 234 Hektar großes Stück Grunewald zur Anlage einer Villenkolonie zu erhalten. Reichskanzler Otto von Bismarck hatte sich wegen der leeren öffentlichen Kassen persönlich bei Wilhelm I. für diesen Handel eingesetzt. Zur Vereinbarung gehörte auch, dass die Villenkolonie den Status einer selbstständigen Landgemeinde erhalten sollte, was für die zukünftigen Bewohner, die ihr Einkommen nicht mehr in Berlin versteuern mussten, eine enorme Ersparnis bedeutete. Die Anlage der »Millionärskolonie« war auch wegen der »Holzauktion im Grunewald«, die nur wenige Bäume überlebten, äußerst umstritten.

1889 begann der Straßenbau im Grunewald. Gleichzeitig gruben »Gastarbeiter« aus Galizien, Kroatien und Serbien für einen Stundenlohn von 30 Pfennigen jene Seen, die später Diana-, Hertha-, Koenigs- und Hubertussee genannt werden sollten. Diese künstlichen Seen waren wichtig für die Kurfürstendamm-Gesellschaft, da sich Seegrundstücke erheblich besser und teurer verkaufen ließen. Und die, die sich hier stattliche Villen errichten wollten, mussten nun wirklich nicht auf den Pfennig achten: Sie gehörten zu den Superreichen des Kaiserreichs: Die Filetgrundstücke sicherten sich die Bankiers Koenigs, Fürstenberg und Mendelssohn, die an dem »Kuhhandel« beteiligt waren. Weitere Käufer der großen Grundstücke waren die Warenhausbesitzer Wertheim, die Verleger Ullstein, Scherl und Fischer und zahlreiche Industrielle, die zum Teil am Ausbau der Kolonie mitgewirkt und dabei viel Geld verdient hatten. Die kleineren Grundstücke waren vor allem bei Architekten, Juristen, Professoren und Künstlern begehrt. Sie alle genossen bis zur Eingemeindung 1920 die erheblichen Steuervorteile und waren demzufolge vom späteren Aufgehen in Groß-Berlin nicht begeistert.

Der Spaziergänger kann heute noch viele dieser Villen und Landhäuser entdecken. Nur die einst so riesigen Grundstücke, auf denen damals gebaut wurde, sind nach und nach immer kleiner geworden. So gehörte dem Verleger August Scherl ein Grundstück von 100.000 Quadratmetern, auf dem er seine Villa errichten ließ. Nach seinem Tod ließen die Erben die Villa abreißen, um das Areal optimal aufteilen zu können. So entstanden mehr als 20 Baugrundstücke und eine Straße, die Taubertstraße.

Die Prachtentfaltung, die viele Bewohner des neuen Viertels betrieben, war enorm. Man zeigte hemmungslos seinen Reichtum und man feierte seine Feste entsprechend opulent – wie die Hochzeit von Walter Pannwitz zum Beispiel. Er war nicht nur der Anwalt des Kaisers, er besaß auch Zuckerrohrplantagen und Kohlegruben, die ihn zum Multimillionär gemacht hatten. Und seine zukünftige Ehefrau war noch reicher als Erbin riesiger Ländereien in Argentinien, auf denen unzählige Rinder das Gras abfraßen, bevor sie als Steak endeten. 1000 Gäste hatte er in sein Palais in der Brahmsstraße geladen und 200 Diener hatte er geheißen, ihnen alle Wünsche von den Augen abzulesen.

Nun aber genug der Vorgeschichte und los geht es durch einen Teil dieser Villenkolonie Grunewald. Eine wichtige Voraussetzung für eine Villenkolonie, außerhalb Berlins, war eine gute Bahnanbindung. Hier fuhr bereits die Berlin-Wetzlarer Eisenbahn, die wegen ihrer militärischen Bedeutung auch »Kanonenbahn« genannt wurde. Die Station war 1879 mit dem Namen »Bahnhof Hundekehle« eröffnet worden. Das heutige Bahnhofsgebäude, Bahnhof Grunewald, entstand aber erst 20 Jahre später, als ein großer Teil der Villen bereits fertiggestellt war. Der Architekt des Gebäudes war Karl Cornelius.

Ein gutes Drittel der Koloniebewohner waren Berliner Juden. Für sie und einen großen Teil der insgesamt 160.000 Juden, die 1933 in Berlin lebten, war, wenn es ihnen nicht rechtzeitig gelungen war, Deutschland zu verlassen, der Bahnhof Grunewald der Anfang vom Ende. Vom Tunneldurchgang zu den Bahnsteigen gelangt man zum Gleis 17, dem Ausgangspunkt der ersten Deportation am 18. Oktober 1941. In Gruppen von bis zu eintausend Menschen wurden die zur Deportation Bestimmten von der Ruine der Synagoge in der Tiergartner Levetzowstraße mitten über den Kurfürstendamm geführt und hier zum Teil in Güter- und Viehwaggons verladen. Weitere Deportationszüge verließen Berlin vom Lehrter Stadtbahnhof oder vom Bahnhof Putlitzstraße.

Bahnhof Grunewald, Mahnmal Gleis 17, 2006. Foto: Axel Mauruszat

Gleis 17 ist heute ein eindrucksvoller Ort des Erinnerns. Die Treppe führt auf den einstigen Bahnsteig des Güterbahnhofs. An den nachgebildeten Bahnsteigkanten finden sich, mit genauem Datum, die »Verlademengen« sowie die entsprechenden Transportziele. Von den 160.000 Berliner Juden gelang es 90.000 rechtzeitig auszuwandern, 7000 wählten den Freitod und 8000 überlebten in sogenannten Mischehen, im Untergrund oder wurden Kriegsende aus den KZ's befreit. 55.000 wurden in Konzentrationslagern ermordet.

Von diesem Gleis, von dem heute kein Zug mehr abfährt, verlassen wir den Ort über die Rampe abwärts und stehen wenig später vor dem Bahnhofseingang. Neben der Rampe ein Denkmal des polnischen Bildhauers Karol Broniatowski. Eine zerklüftete Steinwand zeigt die Negativabdrücke menschlicher Körper auf dem Weg in die Konzentrationslager. Die Abdrücke werden immer schwächer, bis sie dann gänzlich verschwinden.

In unmittelbarer Nähe des Bahnhofs gibt es das kleine Café von Luck, wo der Kaffee seinem Namen alle Ehre macht, und man sich für die folgenden zwei Stunden stärken kann. Es befindet sich in der Auerbacher Straße 10, zu erreichen über den kleinen Weg direkt neben dem Bahnhofsportal (50 Meter).

Wir umrunden den Bahnhofsvorplatz entgegen dem Uhrzeigersinn und überqueren hinter der Bushaltestelle die Auerbacher Straße, um dann geradeaus der Fontanestraße zu folgen. Die Straße hieß ursprünglich »Auerbachstraße«, benannt nach dem Schriftsteller Berthold Auerbach (1812-1882). 1939 erfolgte die Umbenennung wegen der jüdischen Abstammung des Namensgebers. Nun wurde ein »er« an den Namen gehängt und schon deutete die Straßenbezeichnung nicht mehr auf einen Menschen hin, sondern auf ein idyllisches Städtchen im Vogtland.

Die Grundstücke Fontanestraße 1-3 und Auerbacher Straße 1-11 waren ursprünglich ein zusammenhängendes Eckgrundstück. Es gehörte dem Baumschulbesitzer John Booth, der einen guten, fast freundschaftlichen Kontakt zu Bismarck hatte, da er für den gesamten Forstbesitz des Reichskanzlers zuständig war. Dieser John Booth war das Verbindungsglied zwischen Bismarck und der Kurfürstendamm-Gesellschaft. Er hatte den »Kuhhandel«, Ku'damm gegen Villenkolonie, eingefädelt und war dafür gut bezahlt worden. Sofort nach der Vertragsunterzeichnung trat der »Strohmann« Booth zurück und wurde für seine unschätzbaren Dienste noch mit einer Bonuszuwendung bedacht – diesem Grundstück. 1925 kaufte es der Fabrikbesitzer Hermann Putenberg, Inhaber der Industriewerke Weißensee. Dann wurde das Areal in etliche kleine Grundstücke aufgeteilt und diese mit erheblichen Gewinnen verkauft.

Nun geht es rechts in die Bettinastraße. Hildegard Knef lebte in dem Haus Nr. 12 von 1978 bis 1782 mit ihrem Ehemann Paul von Schell. Das 1925 in Ulm geborene Mädchen wuchs in der Schöneberger Leberstraße auf. Sie besuchte die Schauspielschule und wurde im Alter von 16 Jahren bei einer Talentauswahl von der Ufa entdeckt. Joseph Goebbels höchst persönlich entschied 1943: »Die ist nett. Jedoch muss die Nase operiert werden. Genehmigt für ein halbes Jahr, dann neue Probeaufnahmen und mir vorlegen.«

Ein Jahr später bekommt sie eine kleine Filmrolle, wird aber zu ihrem großen Entsetzen herausgeschnitten. In den letzten Kriegstagen dreht sie, ständig unterbrochen durch Luftangriffe der Alliierten, unter Helmut Käutner ihren ersten Spielfilm »Unter den Brücken«. Einige Monate später, der Krieg ist nun vorbei, steht sie unter der Regie von Wolfgang Staudte, in »Die Mörder sind unter uns«, vor der Kamera. 1948 geht sie nach Hollywood, wo sie anfangs erfolglos bleibt. Erst 1951 gelingt ihr mit dem Spielfilm »Entscheidung im Morgengrauen« der internationale Durchbruch. Für einen großen Skandal, man mag es heute kaum mehr glauben, sorgte später eine winzige Szene in dem Streifen »Die Sünderin«, in der sie nackt zu sehen war: »Ich kriegte die Schande, und die Produzenten hatten das Geld«.

Die Bettinastraße geht geradeaus in die Douglasstraße über. Genau im Knick, der Straßenverlauf markiert die ursprüngliche Grenze der

Douglasstraße 28. Foto: Ingeborg Lommatzsch

Villenkolonie, steht die eindrucksvolle Villa (Nr. 24-28), die die Architekten Hart und Lesser 1907 für den Bankier Julius Erxleben errichteten. Seit 1921 lebte in dem Haus Jacob Bronner, der Besitzer des Hotels Kaiserhof und der Friedrichstadtpassagen (heute Tacheles), einer noblen Einzelhandels-Passage zwischen Friedrichstraße und Oranienburger Straße.

Gleich daneben (Nr. 22) errichtete der Architekt und Bauherr Wilhelm Körner eine Doppelvilla. In der einen Hälfte wohnte von 1916 bis 1926 Friedrich Wilhelm Plumpe, der bereits als Schauspielschüler bei Max Reinhard spürte, dass der Name Plumpe für eine Filmkarriere nicht ideal war. So machte er kurzerhand den Ort Murnau zum Nachnamen, und einer großen Regie-Karriere stand nun nichts mehr im Wege. Als Friedrich Wilhelm Murnau schuf er Filme wie »Nosferatu«, »Der letzte Mann« oder »Faust«. In Hollywood, kurz vor der Premiere seines Films »Tabu«, wurde Murnau 1931 bei einem Autounfall so schwer verletzt, dass er wenige Stunden später verstarb. Murnaus Diener, ein vierzehnjähriger Filipino, der am Steuer saß, hatte auf der Küstenstraße die Kontrolle über das Fahrzeug verloren und war frontal mit einem Lastwagen zusammengeprallt. Der Leichnam Murnaus wurde später nach Deutschland überführt und auf dem Südwestkirchhof Stahnsdorf beigesetzt.

In den zwanziger Jahren hatte sich, in Murnaus Abwesenheit, hier im Haus ein schweres Verbrechen ereignet. Der Hausdiener des Regisseurs hatte ein junges Mädchen in die Wohnung gelockt, sie schwer misshandelt, und anschließend umgebracht. Durch die Schreie des Mädchens aufgeschreckt, alarmierten Nachbarn die Polizei. Bei deren Eintreffen hatte sich der Diener im Haus verschanzt und konnte erst nach längerer Belagerung und Beschuss mit Tränengas zur Aufgabe gezwungen werden.

Die Villa (Nr. 15-17) auf der anderen Straßenseite baute Oskar Kaufmann 1925. Der Architekt hat in Berlin drei Theaterbauten errichtet. Das Hebbeltheater (1908), die Volksbühne (1914), und er baute 1927 das »Motiv-Haus« in das Renaissance-Theater um. Bauherr war der Rechtsanwalt Max Epstein, der nebenbei auch für die Weltbühne schrieb. Sein Freund Siegfried Jacobsohn, der die Weltbühne begründet hatte, wohnte direkt gegenüber von Epstein (Nr. 30). Die Villa hatte nach dem Krieg mehrfach wechselnde Besitzer und verfiel dann zusehends. 1995, nach langem Leerstand, erfolgte endlich die notwendige Renovierung.

Sehr schlicht, fast karg, wirkt das Wohnhaus (Nr. 12), das Julius Flechtheim, Professor der juristischen Fakultät der Berliner Universität und Generaldirektor der IG-Farben, sich 1929 bauen ließ. Der kühle Eindruck wird durch die massive Umfassungsmauer, die nach dem alten Koloniestatut nicht zulässig gewesen wäre, noch verstärkt. Der Architekt Rudolf Salvisberg baute in Berlin mehrere Industriebauten, Bus-Depots, die Ladenstraße im U-Bahnhof Onkel-Toms-Hütte und Wohnbauten der »Weißen Stadt« an der Arosaallee. Die Villa, ein typisches Beispiel für die Architektur der zwanziger Jahre, gehörte seit 1989 dem Land Berlin, das wie auch später der Bezirk Wilmersdorf, nicht sehr pfleglich mit ihr umging. Der Zustand verschlechterte sich entsprechend, Verkaufsverhandlungen scheiterten, und dann gab es auch noch einen Millionenverlust für den Bezirk. Letztlich kam es dann aber doch zu einem Verkauf, es wurde umfassend restauriert und so residiert in dem Salvisberg-Bau heute die Irische Botschaft.

In der Douglasstraße 10 wohnte Alfred Kerr von 1929 bis zu seiner Emigration nach Prag 1933. Der Schriftsteller und Theaterkritiker vom Berliner Tageblatt lebte insgesamt 20 Jahre in der Villenkolonie, in drei verschiedenen Häusern. Das lässt die Vermutung zu, dass er gerne hier lebte, zumal er auch häufig Einladungen zu Abendgesellschaften und Veranstaltungen in der Nachbarschaft annahm. Trotzdem äußerte er sich mehrfach etwas boshaft über die Bewohner der Kolonie: »Gutgekleidete Töchter; leckere Mädel aus üppigen Haus; hübsche Finanzfrauen; Diplomatie; zwischendurch irgendein Fürst Radziwill; eine Sängerin; irgendein Douglas; preußische Minister; Volk, Edle, Füllsel – und Rathenau.« Und »... die Mehrzahl der Bewohner des Grunewalds waren einfach schwere Kapitalisten. Gepflegte Bauern im Millionärskaff.«

Der Garten der Villa Harteneck in der Douglasstraße 7-9 gehört zu den wenigen fast vollständig erhalten gebliebenen Gartenanlagen der Villenkolonie. Die 1985 hervorragend restaurierte Gartenanlage gehört der Stadt und ist heute eine öffentliche Grünanlage. Seither wurde die Gartenanlage gut gepflegt und die Zugänge wurden am Abend verschlossen, was auch Vandalismusschäden verhinderte. Seit dem Frühjahr 2012 hat sich der Zustand der Gartenanlage sehr verändert. Abgeschlossen wird nicht mehr und die Pflege wurde seither völlig vernachlässigt. Auf meine schriftliche Nachfrage beim zuständigen Grünflächenamt antwortete mir ein Beamter:»... Eine Pflege wie für Sie wünschenswert, werden wir in der derzeitigen Situation unseres Fachbereichs Grünflächen mit dem o.g. weiter fortschreitenden Verlust an Mitarbeitern einerseits als auch nicht gegebenen finanziellen Ausgleich für die Pflegevergabe an externe Dienstanbieter, nicht erfüllen können. Dieser Pflegezustand, dieses sei noch erwähnt, betrifft nicht nur die Villa Harteneck. Analoge Situationen finden Sie in fast allen Gartendenkmälern in unserem Bezirk.«

Eine Woche später stellte ich fest, dass Briefe an Ämter doch eine Wirkung hervorrufen können – inzwischen hatte ein »Pflegedienst« vorbeigeschaut und die Vegetation etwas geordnet.

Die Villa selbst, befindet sich in Privatbesitz. Der Architekt Adolf Wollenberg stellte Villa und Garten 1912 für den Rittergutsbesitzer und Chemiefabrikanten Carl Harteneck fertig. Der Bauherr beherrschte mit seinen argentinischen Holzextraktfabriken den Gerbstoffmarkt der Welt. Mit Hilfe von Verbindungen aus pflanzlichen Gerbsäuren aus Holz und Rinde konnten Tierhäute in Leder umgewandelt werden. Nach Hartenecks Tod, er verstarb 1916 an Lungenentzündung, veräußerten die Erben das Anwesen 1922 an den Stahlindustriellen Hugo Stinnes. Dieser wiederum verkaufte bereits drei Jahre später an seinen Schwager Robert Dunlop, einen Enkel des Erfinders des pneumatischen Gummireifens. Robert Dunlop, Vorstand der Dinos-Autowerke AG, nutzte das Gebäude ebenfalls nur drei Jahre und veräußerte 1928 die Immobilie an Harry Fuld, einem Industriellen (Telefonbau u. Normalzeit), dem zu dieser Zeit rund hundert Gesellschaften mit 8000 Mitarbeitern gehörten. Während des Zweiten Weltkrieges war das Haus der Privatwohnsitz von Admiral Wilhelm Canaris.

Der von Adolf Wollenberg ursprünglich dreiteilig gestaltete Garten ist ein gutes Beispiel für ein mittelgroßes Grundstück aus der Gründerzeit der Villenkolonie. Der architektonisch auf das Haus zugeschnittene Schmuckgarten, mit Pergola und Springbrunnen, ist der Terrasse vorgelagert. Die Rasenfläche wird von der historisch überlieferten Rosensorte »Gruß aus Teplitz« eingerahmt. Neben dem Haus befanden sich ein heute nicht mehr erhaltener Küchengarten mit Obst, Gemüse und Kräutern sowie ein landschaftlicher Gartenteil, der zum Teil als Bauland verkauft wurde. Vom Schmuckgarten führen einige Stufen abwärts, für uns eine willkommene Abkürzung zur Fontanestraße, wo sich ein zweiter Eingang befindet.

Auf der gegenüberliegenden Straßenseite führt hinter einer Gittertür ein Weg in eine weitere Grünanlage, wo wir mit einem reizvollen Blick auf den Dianasee belohnt werden. Angeworbene Landarbeiter, anfangs aus Mecklenburg, die diesen See ausheben sollten, sich aber als »ungeeignet« erwiesen, wurden durch Polen und Galizier ersetzt. Sie lebten in selbstgegrabenen Erdhöhlen und windschiefen Hütten, nah bei den Arbeitsstellen. Oswald Kohut gibt ein sehr romantisch verklärtes Stimmungsbild im »Grunewald-Echo« wieder: »Ein lustiges Leben entfaltete sich damals im Walde. Die zahlreichen Arbeiter mit ihren Frauen, etwa 200 Personen, welche meist aus Polen stammten, hatten ihr Heim in nächster Nähe der Arbeitsstelle aufgeschlagen und sich einfach Erdhütten gebaut. (...) Vor der Hütte waren Bank und Tische aufgestellt. Im Inneren sah es gerade nicht salonmäßig aus, aber immerhin behaglich und reinlich. (...) Nach getaner Arbeit loderten abends die Feuer lustig zum Himmel empor, umlagert von den kräftigen Gestalten der Arbeiter, ihren Frauen und Kindern. (...) Die Berliner, welche in Scharen hier her pilgerten, verfolgten das seltsame Leben und Treiben mit steigendem Interesse.«

Wieder auf der Fontanestraße blicken wir, bevor es nach rechts weiter geht, auf die andere Straßenseite. Wir entdecken hoch oben einen »Balancierenden« und das Haus, in dem der Afrika-Forscher Hans Schomburgk lebte (Nr. 17). Schon als Siebzehnjähriger unternahm er 1906 seine erste Afrika-Expedition. Dabei entdeckte er in Südangola den bis dahin unbekannten Schikande-Fluss sowie den Sengwe-See. Ein Jahr darauf gelang es ihm, die Tsetsefliege als Überträgerin der Schlafkrankheit zu bestimmen. Eine Zeit lang war er als selbstständiger Tierfänger und Großwildjäger im Busch und in der Savanne unterwegs. Afrika war sein geliebter Kontinent, der ihn lebenslang nicht mehr los ließ. Er schrieb Bücher darüber und drehte mehrere Dokumentar- und Spielfilme. Für einige Filme war er gemeinsam mit dem Kameramann Paul Lieberenz in Liberia unterwegs. Mit ihm, der auch Sven Hedin auf dessen China-Expedition begleitete, entstanden abendfüllende Kulturfilme über Afrika, darunter das einmalige Werk »Die Wildnis stirbt«.

In Nummer 16, einer kleinen, nicht erhaltenen Holzvilla, lebte der Maler, Grafiker und Schriftsteller Walter Leistikow, der gerne als »Maler der Mark Brandenburg« bezeichnet wird. Leistikow, der jegliche Bevormundung in der Kunst ablehnte, gründete gemeinsam mit Max Liebermann den freien Berliner Künstlerverein »Vereinigung der XI«. Als dann eines seiner bekanntesten Werke »Abendlandschaft am Grunewaldsee« 1898 von der Großen Kunstausstellung ausgeschlossen wurde, kam es zur Gründung der Berliner Sezession, deren treibende Kraft Leistikow war. Der Schritt war für die Künstler, deren Werke der Kaiser abschätzig als »Rinnsteinkunst« bezeichnete, absolut notwendig, um sich unabhängige Ausstellungsmöglichkeiten zu schaffen. Der »Entdecker der Schönheiten der Mark Brandenburg«, wie ihn sein Künstlerfreund Corinth einmal nannte, gehörte zu denen, die das Kunstleben Berlins um die Jahrhundertwende prägten.

Nur zwei Häuser weiter (Nr. 12) lebte der Bildhauer Gustav Eberlein, er schuf 1903 das Richard Wagner-Denkmal im Tiergarten, das der Parfümeriefabrikant Johann Ludwig Leichner, ebenfalls Koloniebewohner, der Stadt stiftete. Der noble Spender wollte eigentlich Opernsänger werden, stellte aber bald fest, dass seine Stimme für die große Karriere nicht ausreichte. Mittelmaß wollte er nicht sein, also gab er den Gesang auf. Trotzdem hat ihn die Oper zu einem reichen Mann werden lassen. Er hatte bei seiner kurzen Bühnenlaufbahn nämlich festgestellt, dass viele Sänger und Bühnenschauspieler unter Hautkrebs oder anderen Hautkrankheiten litten. Auslöser war der hohe Bleigehalt der damaligen Theaterschminke, der hautzerstörend wirkte. Gemeinsam mit seinem Bruder, einem Chemiker, gelang es ihm, in der 1873 gegründeten »Poudre- und Schminkenfabrik« Bühnenschminke ohne Bleizusatz und Puder ohne glycerinhaltige Creme-Unterlage herzustellen und bald weltweit führend zu verkaufen. Aus Verehrung für die Musik Richard Wagners, aber auch, um der Kunst etwas zurückzugeben, stiftete Ludwig Leichner das Denkmal und rettete auch die Bestände des Richard-Wagner-Museums, das sich heute in der Reuterschen Villa in Eisenach befindet, vor dem Verkauf nach Amerika.

Nun geht es rechts in die Bettinastraße. In der Großvilla (Nr. 4) lebte von 1913 bis 1935 (nicht 1903 wie die Gedenktafel verkündet) Hans Ullstein, der erstgeborene Sohn von Leopold Ullstein. Der Vater hatte 1877 den Ullstein Verlag gegründet, bei dem u.a. die: »Deutsche Union«, »BZ am Mittag«, »Berliner Illustrierte Zeitung«, »Berliner Morgenpost« und der »Berliner Lokalanzeiger« erschienen. Hans war mit seinen vier Brüdern, nach dem Tod des Vaters, Teilhaber des Verlags. Wie schon zuvor der Vater hatte sich Hans Ullstein auch in die Stadtpolitik eingebracht.

Nach seinem Tod 1935 musste die Familie das Grundstück verlassen. Der Konzern wurde »arisiert« und der Familie gelang es gerade noch in letzter Minute, Deutschland zu verlassen. In den sechziger Jahren wurde die Villa umgebaut und jahrzehntelang als psychiatrisches Krankenhaus des Roten Kreuzes genutzt.

Die Backsteinvilla gegenüber (Nr. 3a) baute Otto March 1895 für den Fabrikanten Hermann Rietschel. 1915 kaufte dann der Schriftsteller und Dramatiker Hermann Sudermann das Anwesen und bewohnte es, neben seinem Schloss Blankensee, als Zweitwohnsitz. Zu dieser Zeit war er durch seinen Roman »Frau Sorge« und durch die Schauspiele »Ehre« und »Heimat«, einem breiteren Publikum bekannt geworden. Beide Stücke gehörten lange zu den beliebtesten deutschen Bühnenstücken, und auch seine epischen Werke waren Dauererfolge. Sudermann hätte glücklich und zufrieden sein können, wenn da nicht der anhaltende eitle Zweikampf mit Gerhard Hauptmann um die Gunst der Kritiker gewesen wäre, den dieser für sich entschieden hatte. Wie tief Sudermann verletzt war, als sein Kontrahent auch noch den Nobelpreis erhielt, zeigt sich in einem Brief an seine Frau Clara: »Sei ruhig! Es tut überhaupt nicht mehr weh. Ich habe allzu viel durchmachen müssen. Wohl möchte ich mit meinem Diokles zu ihm sprechen: ›Warum Dir nichts als Ehren und mir nichts als Schmach?‹, aber es lohnt nicht zu fragen und zu rechten. Ich habe mir mein Schicksal gewählt und muss es tragen.« Nach seinem Tod 1928 zog Sudermanns Stiefsohn, der Theaterschriftsteller Rolf Laukner, in die Villa. Dieser litt zeitlebens darunter, im Schatten des berühmten Stiefvaters zu stehen. 1954 wurde er neben den Eheleuten auf dem Friedhof der Villenkolonie beigesetzt. Anschließend nutzte die Sudermann-Stiftung das Haus als Dichtergedenkstätte, bis es 2005 aus Geldmangel verkauft wurde.

Die Bettinastraße mündet bald in die Winklerstraße, der wir nach rechts folgen wollen. Auf der rechten Seite ein orientalisch anmutender, aber sehr kühl wirkender Bau (Nr. 20). Seit einigen Jahren residiert in dem auffälligen Gebäude die Botschaft der Vereinigten Arabischen Emirate. Auch in der Villa, die dem Neubau weichen musste, ging es äußerst exotisch zu. Hier wohnte 1926 die Revuetänzerin mit dem Bananenröckchen, Josephine Baker. Als uneheliche Tochter des jüdischen Schlagzeugers Eddie Carson und der Waschfrau Carrie McDonald in St. Louis Missouri 1906 geboren, war sie in äußerst ärmlichen Verhältnissen aufgewachsen. Als Dreizehnjährige verheiratete ihre Mutter sie mit einem um viele Jahre älteren Mann – eine Ehe, die nur wenige Wochen Bestand hatte. Mit 16 Jahren begann ihre Laufbahn als Revue-Tänzerin in einer Vaudeville-Truppe, mit der sie mehrere Monate durch die USA tourte. In New York lernte sie den damals in den USA populären deutschen Dichter Karl Gustav Vollmoeller kennen, der als Talentsucher tätig war und ihr erste Engagements in Berlin und Paris vermittelte. Das Pariser Publikum war begeistert und feierte die dunkelhäutige Tänzerin, die nach Ansicht des französischen Tanz-Kritikers André Levinson:»… kein groteskes schwarzes Tanzgirl mehr war, sondern jene schwarze Venus, die den Dichter Baudelaire in seinen Träumen heimsuchte.«

Am 14. Januar 1926 tanzte sie auf der Bühne des Nelson-Theaters am Kurfürstendamm. Es war ihr erster Auftritt in Deutschland und die Berliner feierten die nur mit einem knappen Lendenschurz bekleidete Tänzerin. Als sie in einem Interview gefragt wurde, ob es ihr nicht unangenehm sei, vor dem Publikum so nackt zu tanzen, antwortete sie: «Ich war nicht wirklich nackt. Ich hatte nur keine Kleider an.«

Viele Villen, auch wenn sie den Krieg gut überstanden hatten, wurden in den sechziger und siebziger Jahren abgerissen, meist aus spekulativen Gründen. So befand sich auf der rechten Straßenseite (16-18) das Landhaus Dotti, eine von Alfred Messel 1898 erbaute Großvilla, in der von 1904 bis zu seinem Tod 1924 der Kommerzienrat und Rittergutsbesitzer Albert Gilka lebte. Er gehörte zur Familie der Spirituosen-Fabrikanten, die mit ihrem Gilka-Kümmel nicht nur reich wurden, sondern auch mehrfach in die Literatur eingingen. Bei Fontane, im Roman »Frau Jenny Treibel«, kommt der leicht gesüßte Kümmelbranntwein dabei allerdings nicht gut weg und wird eher abschätzig als Getränk für eine kleine Hausschneiderin erwähnt. Das Grundstück wurde nach dem Abriss, ohne Rücksicht auf den Charakter der Villenkolonie, dicht bebaut mit terrassenförmig errichteten Flachbauten, bis an den Rand des Dianasees hinab.

Die Villa Maren (Nr. 12) wurde nach Entwurf der Architekten Heimann, Zaar & Vahl, 1897 in den klassischen Formen der italienischen Frührenaissance fertiggestellt. Bauherr war der beliebte Arzt Paul Maren. Nach seinem Tod erwarb der Warenhausbesitzer Georg Wertheim, der mit seinem Vater Adolf Wertheim, als Erfinder des Warenhauses gilt, die Villa. Sie hatten in Berlin ein Textilgeschäft eröffnet, wo erstmals die Waren frei auf Verkaufstischen auslagen und jeder Artikel mit einem Preisschild ausgezeichnet war. Das war damals völlig neu und den Kunden gefiel es offenbar den Verkäufer nicht immer nach dem Preis fragen zu müssen. Die Brüder Georg und Franz Wertheim entwickelten das Unternehmen zum größten seiner Art mit mehreren Filialen. Unter den Nazis wurde der Konzern, bei dem 10.000 Angestellte arbeiteten, dann »arisiert«. Heute wird die hervorragend restaurierte Villa, die zwischenzeitlich als Wohnheim für Flüchtlingsfrauen diente, wieder privat genutzt.

Der Neubau der norwegischen Botschaft (15a) fügt sich wohltuend in die benachbarten Häuser ein. Nicht spektakulär, eher zurückhal-

Winklerstraße 12. Foto: Ingeborg Lommatzsch

tend wirkt der Bau, der zum Teil aus Materialien der norwegischen Heimat entstand. Viel Holz und unterschiedliches Gestein wurden verarbeitet. Sehr gut passt dazu eine lose aufgeschichtete Gesteinsmauer, die nicht nur dekorativ wirkt, sondern auch einen Teil des Garagendachs stützt.

Direkt neben der Botschaft fällt die Villa des Architekten und Bauherrn Ewald Becher (Nr. 15) durch ihren glockenturmähnlichen Aufsatz ins Auge. Die 1896 fertiggestellte Villa ist das älteste erhaltene Exemplar der von Becher entworfenen Bauten im Grunewald.

Die Villa gegenüber (Nr. 10), von Solf & Wichards 1902 gebaut, wirkt durch ihre massive Ausführung in Werkstein, mit Giebel und Erker, wie eine wehrhafte Trutzburg. Sie gehörte dem Kommerzienrat Ernst Noelle mit einem 9000 Quadratmeter großen Grundstück. Noelle war Gründer des Stahlbauunternehmens Steffens und Noelle in Berlin-Tempelhof. Sein Unternehmen lieferte unter anderem den Stahl für den Bau des Berliner Funkturms. Eine Besonderheit ist auch das im Schweizerhausstil errichtete Maschinenhaus, das die Villa mit Strom versorgte. Etwas merkwürdig wirkt die Fabrikuhr über dem Eingang der Villa. Es ist das gleiche Modell wie die Uhr neben dem einstigen Fabrikeingang in Tempelhof. Vermutlich war für den Kommerzienrat Zeitgleichheit zwischen Fabrik und privater Villa wichtig. Am linken Pfeiler des Eingangstores ist auf der einen Seite die Inschrift »Der Entschluss ist alles« zu finden und auf der anderen Seite »Wägen und Wa-

Winklerstraße 10, 1901. Foto: Barbara Schneider

gen«. Ernst Noelle spendierte der Evangelischen Grunewaldkirche in der Bismarckallee ihre Fenster sowie den jährlichen Tannenbaum zum ersten Advent. Nach dem Ersten Weltkrieg wurde das Grundstück aufgeteilt und somit erheblich verkleinert. Die Villa selbst wurde 1936 im Inneren umgebaut und in sechs Wohnungen unterteilt.

Auf der gegenüberliegenden Seite (Nr. 11) zeigt sich das Landhaus Bernhard. Es ist der einzige erhaltene Muthesiusbau in der Villenkolonie. Hermann Muthesius entwarf 1906 nicht nur das Landhaus,

Winklerstraße 11, 1967. Architekt: Hermann Muthesius. Foto: Ingeborg Lommatzsch

sondern, wie er es oft tat, auch den Garten. Für den Architekten war der Garten stets wichtiger Bestandteil des Hauses. Bauherr war der Ingenieur und Fabrikant Eduard Bernhard, der mit seiner Familie, von dem kleinen Gartenpavillon aus, noch auf den Koenigsee schauen konnte. Mit zunehmender Bebauung durch die Grundstücksteilungen ist das schon lange nicht mehr möglich. Später lebte der Architekt Otto March, der neben dem Deutschen Stadion, dem Vorläufer des Olympiastadions, auch das Schering-Verwaltungsgebäude an der Heerstraße baute und den Umbau der Französischen Kirche am Gendarmenmarkt übernahm, in dem Landhaus.

Auf der rechten Seite der sogenannte Hasensprung, eine Brücke, die den Zusammenfluss zwischen Dianasee und Koenigsee überspannt und dabei die Koenigsallee mit der Winklerstraße verbindet. Die schmale Stahlbetonbrücke ersetzt seit 1920 eine baufällig gewordene malerische Brücke aus der Anfangszeit der Kolonie. In der Mitte zieren zwei in Sandstein ausgeführte springende Hasen das Brückengeländer. Der Blick von der Brücke über den See ist besonders reizvoll, wenn zwischen Herbst und Frühjahr die Bäume keine Blätter tragen, die sonst den Blick beeinträchtigen.

Zwischen 1963 und 1965 lebte am Hasensprung die Schriftstellerin Ingeborg Bachmann. Sie hatte damals ein Stipendium der Ford-Foundation erhalten und begann während ihres Grunewald-Aufenthalts die Arbeit an der unvollendet gebliebenen Romantrilogie »Todesarten«, von der sie den ersten Band 1971 veröffentlichte. Bachmann hatte 1953 den Literaturpreis der Gruppe 47 für ihren Gedichtband »Die gestundete Zeit« erhalten. Bevor sie nach Berlin kam, hatte sie in Italien gelebt, wohin sie auch anschließend wieder zurückkehrte. Tabletten und Alkoholabhängigkeit führten zu nur noch wenigen, sporadischen Veröffentlichungen. In der Nacht zum 26. September 1973 erlitt die Schriftstellerin bei einem Wohnungsbrand in Rom schwere Verletzungen, an denen sie drei Wochen später im Krankenhaus verstarb. Ermittelte anfangs die italienische Polizei wegen Mordverdachts, wurde ihr Tod, nach Abschluss der Untersuchungen als durch eine brennende Zigarette ausgelöster Unfall eingestuft.

Vor der Einmündung in die Wissmannstraße fällt ein eindrucksvolles Mietshausensemble dem vorübergehenden Betrachter auf. Es handelt sich um drei Gebäude (Winkler Straße 1 und Wissmannstraße 21, 22), die der Architekt und Bauherr Wilhelm Walther 1896 bis 1897 als formenreiche Stuckgebäude errichten ließ. Jedes Gebäude für sich, aber vor allem in ihrer Gesamtkomposition ist der Komplex von großer Wirkung für das Ortsbild. Der Mittelrisalit der Wissmannstraße 23 bildet in der Ansicht von der Winkler Straße aus eine barock anmutende Dreiflügelanlage. Wilhelm Walther hat mit mehreren eindrucksvollen Bauten die Villenkolonie Grunewald geprägt. Walther hatte die Einzelbauten des Ensembles ursprünglich als Mitgift für seine Töchter erbaut, sich dann aber später anders entschieden. Das Haus Nr. 1 nutzte er selbst als Atelier, die beiden anderen Gebäude wurden später verkauft. Erfreut der Blick von der Winklerstraße, so bietet der Anblick von der Wissmannstraße wahrhaft Furchtbares. Man mag es kaum glauben, aber der heutige Besitzer hat die vordere Fassade des Mittelbaus, also die Schokoladenseite, durch den Anbau von Balkonen, gebaut aus massiven Stahlträgern, verschandelt.

Dieser brutale Eingriff in die Architektur wird noch übertroffen von dem Gebäude Winklerstraße 4 a. Hier wurde eine einst repräsentative Villa durch seitliche Anbauten in einen unwürdigen Zustand versetzt. Der Gesamteindruck wird noch verstärkt durch einen Blechbaldachin über dem Eingang, den links und rechts billige Kitschlaternen im Alt-Berliner Stil schmücken.

Vorbei am Landhaus des Lampenfabrikanten Felix Israel (Nr. 2), das seit Jahrzehnten leer steht, geht es nach rechts in die Wissmannstraße. Der Architekt Paul Zucker richtete 1921 das Gebäude mit seiner Nordfassade zum Kreuzungsbereich der beiden Straßen aus, der sich so optisch zu einem Platz weitet. Hier zeichnet sich zur Zeit eine Änderung ab. Ein Bauschild verkündet die »Sanierung einer denkmalgeschützten Villa«. Das bezieht sich aber offenbar nur auf die Außenfassaden, da das gesamte Innenleben des Hauses innerhalb von wenigen Tagen abgerissen wurde.

1892 waren die Arbeiten am Landhaus Ilse (Nr. 15) abgeschlossen, das Otto Stahn für den Geheimen Kommerzienrat v. Ilse errichten ließ. Ursprünglich waren das hohe Sockelgeschoss ebenso wie das Hauptgeschoss des Türmchens sowie weitere Details der Fassade rot verklinkert. Die Putzflächen waren weiß und die Holzteile dunkel abgesetzt. Der Bau bildete somit eine gelungene Einheit zum Nachbargebäude. Der heutige Farbanstrich des an sich gut erhaltenen Landhauses verschleiert die einstige Schönheit. Zu den Bauten von Otto Stahn gehören das Rathaus Wannsee, die Moltkebrücke in Tiergarten und die Oberbaumbrücke als Verbindung zwischen Kreuzberg und Friedrichshain.

Das Haus Wissmannstraße 11 ist ein weiterer Bau des Architekten Wilhelm Walther. Hier zog er selbst mit seiner Familie ein. Zu seinen bekanntesten Bauten gehörte neben den Grunewald-Villen auch das legendäre Haus Vaterland, das Verwaltungsgebäude der Viktoria-Versicherung in der Kreuzberger Lindenstraße sowie das Patentamt, ebenfalls in Kreuzberg. Hier, nah seinem Atelier, lebte Walther von 1892 bis 1899.

Die Villa Lampson (Nr. 12) wurde erheblich kleiner, dafür aber auf einem doppelt so großen Grundstück, kurz vor der Jahrhundertwende für den Kaufmann W. Lampson errichtet. Bereits 1903 erfolgte eine erhebliche Vergrößerung durch Um- und Anbauten zur heutigen Größe. Neuer Besitzer war der Kommerzienrat Julius Woog, ein Weingutbesitzer und Inhaber des Hotels Cumberland am Kurfürstendamm, der von 1904 bis 1931 die Villa bewohnte.

Dass manche der Villen abweisend wie Trutzburgen wirken, fiel auch Christopher Isherwood auf, der von 1929 bis 1933 im Grunewald wohnte. Er hat das Berlin dieser dreißiger Jahre in dem Buch »Leb' wohl Berlin« sehr anschaulich beschrieben. Später wurde es verfilmt unter dem Titel »Cabaret« mit Liza Minelli in der Hauptrolle. Der Film wurde, anders als das Buch, ein Welterfolg. Die männliche Hauptfigur der Geschichte ist Mr. Isherwood, der sich in Berlin finanziell über Wasser hält, in dem er Privatunterricht in Englisch gibt: »Fräulein Hippi Bernstein, meine erste Schülerin, wohnt im Grunewald, in einem Hause, das fast nur aus Glas besteht. Die meisten reichen Berliner Familien wohnen im Grunewald. Warum – ist schwerlich zu verstehen. Ihre Villen in allen bekannten Rokoko-Torheiten bis zu den kubistischen Stahl-Glas-Kästen mit flachem Dach, sind in diesem feuchten, trübseligen Kiefernwald dicht zusammengedrängt. Wenige von ihnen können sich große Gärten leisten, denn der Grund

Koenigsee. Foto: Barbara Schneider

und Boden ist märchenhaft teuer; sie haben nur Aussicht auf den benachbarten Hinterhof, der jeweils durch einen Drahtzaun und durch einen bissigen Köter geschützt wird. In panischer Angst vor Einbruch und Umsturz hat diese unselige Gesellschaft sich in eine Art Belagerungszustand zurückgezogen. Sie haben hier weder Ruhe noch Sonne. Der Stadtteil ist ein regelrechter Slum für Millionäre.«

Zu den wenigen unverändert erhaltenen Villen der Kaiserzeit, an den Ufern der Grunewaldseen gelegen, gehört die Villa Nachod (Nr. 10). Sie wurde 1899 nach Entwurf des Architekten Richard Gerstenberg für den Konsul Adolf Nachod errichtet. Mit einem Säulenaltan öffnet sie sich über den weiten Gartenhang zum See.

Nebenan stand die Villa von Heinrich Wollheim, dem Generaldirektor der Gasglühlicht AG, die auch für die Straßenbeleuchtung der Kolonie zuständig war. Durch den Abriss des Hauses war es möglich, die kleine Grünanlage am Koenigsee anzulegen und gleichzeitig eine zusätzliche Verbindung zur Koenigsallee zu schaffen.

In der Wissmannstraße 6 lebte und arbeitete der 2002 im Alter von 67 Jahren verstorbene Bildhauer Rainer Kriester. Nach einem Medizinstudium entschloss er sich zu einem Berufswechsel und begann ein Kunststudium in den Fächern Malerei und Bildhauerei. Ein großer Teil seiner Werke stellt malträtierte Köpfe dar, die vorwiegend von Stacheln und Nägeln durchdrungen oder mit Gurten oder Stahlbändern eingepresst sind. Kriester bezeichnete sie als Stelen oder Kopfzeichen. Seit den achtziger Jahren arbeitete er einen großen Teil des

Jahres in Albenga, einer kleinen Stadt in Ligurien. Eine seiner Skulpturen steht im Bundeskanzleramt, eine andere nicht weit von hier entfernt, auf dem Theodor-Heuss-Platz. Ein Blick durch das Gittertor in den Garten sollte man sich nicht entgehen lassen, da dort einige seiner Arbeiten aufgestellt sind.

Direkt gegenüber, auf der anderen Straßenseite, hatte von 1903 bis 1905 der Verleger Samuel Fischer sein Wohnhaus (Nr. 3), in dem auch der Verlag seinen Sitz hatte. Von hier aus bezog Familie und Verlag ein größeres Haus, gleich um die Ecke, in der Erdener Straße 8. In dem 1905 gebauten Jugendstilhaus war erheblich mehr Platz für die Verlagsmitarbeiter und das Archiv. Außerdem ließ er im Garten einen Tennisplatz anlegen. Fischer verlegte in seinem 1886 gegründeten Verlag unter anderem Thomas Mann, Hermann Hesse, Hugo von Hoffmannsthal, Arthur Schnitzler und Stefan Zweig. Er war Gründungsmitglied der Freien Bühne und Verleger der gleichnamigen Zeitschrift, in der die neuesten Literaturströmungen ihr Forum fanden. Thomas Mann nannte Fischer einen Förderer der »literarischen Lufterneuerung nach dem Epigonentum«. Sein Haus war einer der wichtigsten literarischen Treffpunkte in der Stadt. Albert Einstein spielte hier mehrfach Geige, nicht immer zur Freude der Gesellschaft. 1934 starb Samuel Fischer, der sich nach 1933 bis zu seinem Tod der Auswanderung widersetzte. Seine Frau floh erst 1939, im letzten Moment, in die USA.

Wo die Wissmannstraße in die Erdener Straße mündet, gehen wir nach rechts und erreichen nach wenigen Schritten die Koenigsallee, die nach keinem König, sondern nach dem Bankier Koenigs benannt wurde. Er gehörte zu den ersten Bewohnern der Kolonie und verkaufte später etwas von seinem Grund und Boden, damit die wichtigste Straße der Kolonie verbreitert werden konnte. Im Gegenzug wurde vertraglich vereinbart, dass die Straße auf immer seinen Namen tragen soll.

Genau in der Kurve der Koenigsallee erinnert ein Gedenkstein an Walther Rathenau, der hier an dieser Stelle am 24. Juni 1922 einem Attentat zum Opfer fiel. Der damalige Reichsaußenminister befand sich in einem offenen Wagen auf dem Weg von seinem Haus in der Koenigsallee 65 zu seinem Dienstsitz, als sein Auto in der Kurve überholt wurde. Aus dem Wagen heraus schossen die Attentäter auf Rathenau und warfen eine Handgranate in sein Fahrzeug. Blutüberströmt wurde Rathenau in sein Haus zurückgebracht, wo er kurz darauf seinen Verletzungen erlag.

Hermann Sudermann, mit dem Minister gut befreundet, hörte wenig später von dem Attentat und eilte sofort zum Haus des Verstorbenen, wie seinem Tagebuch zu entnehmen ist: »Der Diener packt losweinend meine Hand. Und dann gehen wir ins Arbeitszimmer. Da liegt vorm

Koenigsallee 65

Schreibtisch auf der Erde, mit weißem Laken bedeckt, ein längliches Etwas. Schlage das Laken zurück: Sein Gesicht – der rechte Unterkiefer durch eine drei Finger breit klaffende Wunde gespalten, der weißgewordene Spitzbart durch darüber geronnenes Blut wieder braun (...) Unser bester Mann – nun haben sie ihn zur Strecke gebracht.«

Rathenaus Politik der Aussöhnung mit Russland und die Unterzeichnung des Vertrages von Rapallo, die ein erster Schritt aus der außenpolitischen Isolation Deutschlands nach dem Ersten Weltkrieg sein sollte, brachte ihm viele Feinde. Die Täter kamen aus rechten Kreisen, die in Rathenau einen verhassten »Erfüllungspolitiker« sahen. Die beiden Haupttäter kamen bei ihrer Festnahme ums Leben. Im späteren Prozess gegen weitere Mittäter ließ das Gericht die politischen Tathintergründe völlig außer Acht, was von vielen Prozessbeobachtern als skandalös angesehen wurde.

Lang wäre die Liste, wenn ich alle bekannten Namen aufzählen wollte, die in der Koenigsallee gelebt haben. So lebte die Schriftstellerin Vicki Baum in einer Mansarde, der Bankier Robert von Mendelssohn, Nachfahre von Moses Mendelssohn und Großneffe von Felix Mendelssohn Bartholdy, in einer stattlichen Villa. Der Warenhausbesitzer Wilhelm Wertheim war Anwohner wie auch die Skandalarchitektin Sigrid Kressmann-Zschach, der Dramatiker Carl Zuckmayer, der 1920 völlig mittellos nach Berlin kam, sowie der Urenkel des letzten Kaisers, Friedrich Wilhelm Prinz von Preußen, der im Haus »Monbijou« lebt. Auch Hitlers Lieblingsbildhauer Arno Breker lebte zeitweise in der Koenigsallee – in der Rathenau-Villa. Sein Atelier, das ihm 1942 für seine Großplastiken von Albert Speer geschenkt wurde, ist noch heute im Dahlemer Käuzchenweg zu sehen.

Zum Abschluss des Spaziergangs sollten wir noch einen Blick auf den Halensee werfen, und zwar auf eine unbekannte Seite. Zu diesem Zweck geht es einige Schritte vom Gedenkstein zurück in die Wallotstraße. Hinter der Großvilla (Nr. 19), die 1911 nach Entwurf von Ludwig Otte für den Oberstaatsanwalt Franz Linde erbaut wurde, führt ein unscheinbarer Weg auf der linken Straßenseite abwärts zum See. Anders als die bisher gesehenen Seen ist der Halensee ein natürlicher See – allerdings mit einer Einschränkung. Um noch mehr Seegrundstücke den Villenkäufern offerieren zu können, griff man auch hier zu Picke uns Spaten und erweiterte den See auf seine heutige Größe.

In der zweiten Hälfte des 19. Jahrhunderts entwickelte sich der Halensee zu einem beliebten Ausflugsziel. 1882 hatte der Inhaber der Concordia-Festsäle C. Saeger am Ostufer das »Wirtshaus am Halensee« eröffnet. Bald gehörte auch ein kleiner Rummel mit Karussell, Schieß- und Losbuden und einer bei den Badegästen sehr beliebten Wasserrutschbahn mit dazu. 1904 eröffneten dann die Gastronomen August Aschinger und Bernhard Hoffmann, letztgenannter war zuvor Küchenchef bei Kempinski, die »Terrassen am Halensee«. Da genug Publikum kam, wurde nun erheblich größer geplant. Nach dem Vorbild des Vergnügungsparks von Coney Island bei New York sollte hier der Lunapark entstehen. Nach seiner Fertigstellung lockte die

Lunapark, Wellenbad

Lunapark, 1904

Anlage Besucher mit populären Attraktionen, wie der längsten Berg- und Talbahn Deutschlands und dem ersten Hallen-Wellenbad, für das der Volksmund den Namen »Nuttenaquarium« fand. Außerdem gab es die äußerst wacklige Shimmytreppe, die auch im nüchternen Zustand nicht leicht zu erklimmen war. Hatte man die Treppe erfolgreich hinter sich gebracht, wurden die Frauen mit einem versteckten Gebläse gezielt

Lunapark, Eissee, 1920

Liliputaner des Lunaparks. 1924

überrascht. Die Luftdüse ließ die Röcke der Frauen steil nach oben wirbeln – sehr zur Freude des männlichen Publikums. Neben zahlreichen Attraktionen gab es ein Teufelsrad, das Zeppelin-Karussell und ein sich um seine eigene Achse drehendes Lachhaus.

Wechselnde Völkerschauen ermöglichten mal den Blick auf eine Liliputaner-Stadt, einen »Neger-Kral« oder ein Indianer-Dorf. Auch Großveranstaltungen wie Berlins erste Misswahlen, Boxkämpfe mit Max Schmeling sowie regelmäßige Musikveranstaltungen fanden statt, und am Ende eines jeden Tages gab es ein großes Feuerwerk. An einzelnen Tagen wurden bis zu 60.000 Besucher gezählt. Der Erste Weltkrieg und die spätere Inflationszeit ließen aber bald die Besucherzahlen abstürzen. Die bis dahin gepflegte Anlage verkam zusehends. Nach einer umfangreichen Erneuerung wurde 1929 ein zweiter Versuch der Betreiber gestartet. Es gelang aber nicht, an die alten Erfolge anzuknüpfen. 1933 ging die Betreibergesellschaft endgültig in Konkurs, und bereits 1935 wurde die Anlage abgerissen, da das Gelände für den Bau der Halenseestraße benötigt wurde. Sie diente zu den Olympischen Sommerspielen 1936 als schnelle Verbindung zwischen dem Olympiastadion, der Deutschlandhalle sowie dem Messegelände und den südlich gelegenen Wettkampfstätten.

Seit den sechziger Jahren war die Badewiese, unmittelbar an der Halenseestraße gelegen, West-Berlins beliebtester Nacktbadestrand, was mehrfach zu Auffahrunfällen führte. Aber auch das ist bereits Geschichte, da heute das Baden im Halensee wegen schlechter Wasserqualität nicht mehr erlaubt.

Karlshorst

Entdeckungen im »Dahlem des Ostens«
Volksbeglücker, Mörder und verschwundene Berge

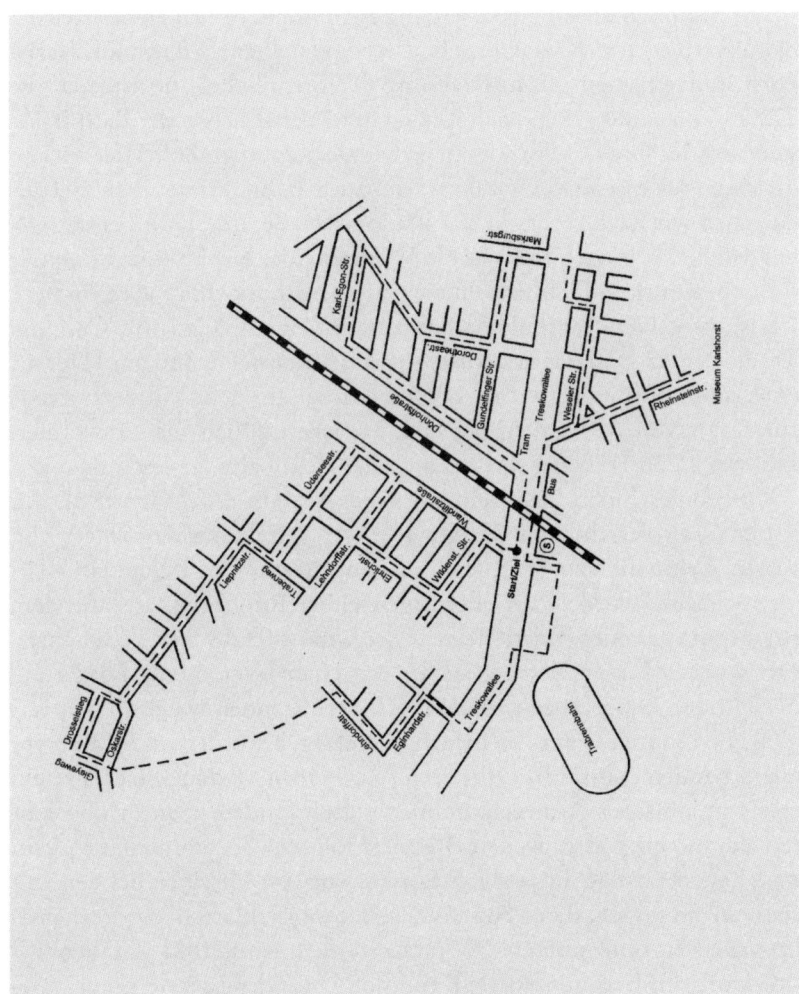

Ausgangspunkt und Endpunkt: S-Bahnhof Karlshorst

»Was fällt Ihnen ganz spontan zu Karlshorst ein?« Der überwiegende Teil der Angesprochenen wird vermutlich antworten: »Pferderennen«. Weitere Nachfragen sind meist nicht sehr ergiebig, da ein großer Teil der Befragten noch nie Karlshorst besucht hat, um sich den zum Bezirk Lichtenberg gehörenden Ortsteil einmal genauer anzuschauen. Somit ist ein Besuch im »Dahlem des Ostens« zwingend notwendig – und auch lohnend.

Wir beginnen unseren Spaziergang am 1902 nach Plänen des Reichsbahn-Architekten Karl Cornelius fertiggestellten S-Bahnhof Karlshorst und verlassen ihn in Richtung »Trabrennbahn«, überqueren die Treskowallee und gehen nach links. Unmittelbar neben der Bahntrasse steht der 1895 als Fachwerkbau errichtete Rennbahnhof. Hier hielten die Züge der Eisenbahn vor dem Bau der S-Bahn. Hinter dem Gebäude gehen wir nach rechts in die Wandlitzstraße, um dann bei der ersten Möglichkeit nach links in die Wildensteiner Straße einzubiegen.

Erstmals urkundlich erwähnt wurde Karlshorst 1825 als »Vorwerk Carlshorst«. Der Name setzte sich zusammen aus »Carl« für Carl von Treskow, dem Besitzer des Ritterguts Friedrichsfelde und aus »Horst«, einer alten Flurbezeichnung. Lebten damals auf dem Vorwerk gerade eine Handvoll Menschen, hat sich zwischenzeitlich die Einwohnerzahl auf 22.500 erhöht, was letztlich der Rennbahn zu verdanken ist.

Die Vorgeschichte der Rennbahn begann am 30. März 1881. An diesem Tag verschickten Ignatz Freiherr von Landsberg, Herr von Kotze, Leutnant von Schmidt-Pauli und Major von Below ein »Zirkular«, heute würde man eher sagen einen Rundbrief, an »die dem Rennsport nahestehenden Herren« des Union-Clubs. Mit dem Schreiben wurden Unterstützer gesucht, um einen »Verein zur Förderung des Hindernissports« zu gründen. Hindernisrennen waren in den vergangenen Jahren bereits mehrfach ausgetragen worden und waren vor allem bei den deutschen Offizieren sehr beliebt. Schon 1862 hatte ein erstes preußisches Armeejagdrennen stattgefunden, dem in den Jahren darauf noch drei weitere Rennen folgten. So wundert es nicht, dass bereits wenige Tage später fast 70 Antwortschreiben bei den Initiatoren eingingen, deren Absender sich bereit erklärten, das Vorhaben finanziell zu unterstützen. So kam es am 9. April 1881 zur Vereinsgründung im Berliner Hotel »Kaiserhof«. Präsident des neu gegründeten Vereins wurde Ignatz Freiherr von Landsberg.

Noch nicht einmal drei Wochen nach der Vereinsgründung fand am 28. April das erste Hindernisrennen statt. Austragungsort war damals noch Hoppegarten, wobei schon zu dieser Zeit die Möglichkeiten einer eigenen Bahn diskutiert wurden. Drei Jahre nach seiner Gründung pachtete der Verein an der Spandauer Chaussee in Westend, zwischen

S-Bahnhof Karlshorst mit Kino »Vorwärts«, 1963

Schloss Ruhwald und dem Wasserwerk ein 250 Morgen großes Gelände, auf dem die Rennbahn Charlottenburg entstand. Am 14. April 1884 wurde sie mit einer großen Lotterie feierlich eingeweiht. Die Auslosung fand unter den Augen des Kaisers statt. Da nach neun erfolgreichen Jahren der Pachtvertrag nicht verlängert werden konnte, hatte sich der Verein zum Ankauf von 320 Morgen Land in Karlshorst entschlossen. Der Kaufpreis betrug 500.000 Mark. In einer Bauzeit von nur sechs Monaten entstanden unter Leitung des Hamburger Ingenieurs Rudolph Jürgens und des Architekten Johannes Lange die notwendigen Tribünen, Stallanlagen, Restaurants und das Verwaltungsgebäude für die neue Hindernisrennbahn. Alle Bauten und Einrichtungen, darunter der Totalisator, entsprachen dem damals neuesten Stand der Technik. So konnten zwei Tribünen nur durch Winddruck in die dem Zuschauer angenehmste Lage gedreht werden.

Am 9. Mai 1894 war es dann so weit: Zehntausende Besucher strömten förmlich zum Eröffnungsrennen nach Karlshorst. Der überwiegende Teil der Besucher kam mit der Bahn, da an diesem Tag nicht nur die Rennbahn selbst, sondern auch die Haltestelle »Rennbahn« in Betrieb ging. Sieger des ersten Karlshorster Rennens wurde Leutnant Otto Suermondt auf »Waldfee«. Suermondt gehörte zu den erfolgreichsten Reitern Deutschlands. Er stand bei 1463 Rennen am Start und passierte dabei 506 Mal als Sieger die Ziellinie. Hatte es im Vorfeld des Geländekaufs etliche Vereinsmitglieder gegeben, die sich gegen Karlshorst als neuen Standort ausgesprochen hatten und stattdessen Zehlendorf oder Tempelhof favorisierten, ließ der Erfolg die Kritiker schnell verstummen. Nur wenige Monate nach der Eröffnung pachtete der Verein zusätzliches Land auf 25 Jahre von der Familie von Treskow.

Vier Gesellschaften machten sich alsbald daran, das noch unberührte Gelände zu erschließen. Besonders gefördert durch den Rennverein wurde die von Karl Egon Fürst zu Fürstenberg und anderen vermögenden Adligen gegründete gemeinnützige »Bauvereinigung Eigenhaus«, die dann wiederum den Rennverein unterstützte. Die Bebauungsplanung lag in den Händen des Baumeisters und Friedrichsfelder Gemeindevertreters Oscar Gregorovius, der zu Recht als »Vater von Karlshorst« bezeichnet wird. Er gründete gemeinsam mit der »Bauvereinigung Eigenhaus« die »Heimstätten AG«, die den Aufbau des sogenannten »Prinzenviertels« übernahm. An der Ecke Ehrlichstraße steht vor dem Haus 12/12a eine Stele, die an ihn erinnert: »An dieser Stelle stand 1897 bis 1944 das Wohnhaus des Karlshorster Baumeisters Oscar Gregorovius (1845-1913)«.

Wir überqueren die Ehrlichstraße und achten auf das Haus Wildensteiner Straße 18. Die einst schmucke Villa gehörte dem »Volksbeglücker« Max Klante. Dieser hatte mit Mühe die Volksschule hinter sich gebracht, der eine Lehre als Fotograf folgte. Seit einigen Jahren war er selbstständig in einem kleinen Hinterhofatelier. Da er sich aber nur halbherzig um Kunden bemühte und nur selten im Atelier anzutreffen war, bewegte er sich permanent am Rand der Pleite. Klante war ein leidenschaftlicher Wetter, der auf allen Berliner Rennbahnen zu Hause war. In den zurückliegenden Jahren hatte er stets mehr Geld am Totalisator eingezahlt als zurückerhalten. Trotzdem träumte er – wie alle Spieler – von dem großen Gewinn, der ihn von allen finanziellen Sorgen befreien sollte. Sein hoch gestecktes Ziel war die Gründung eines eigenen Rennstalls sowie eines Gestüts für die Aufzucht edler Rennpferde. Da der erwartete Gewinn aber auf sich warten ließ, musste das notwendige Kapital durch Geldgeber beschafft werden.

Klante hatte Charisma und verfügte über erstaunliche Überredungskünste. So lockte er mögliche Anleger mit einer hohen Rendite, denn es würde einige Zeit dauern, bis ein Rennstall erste Gewinne abwerfen könnte.

Max Klante

Postkarte, 1899

Diese Zeit sollte dadurch überbrückt werden, dass er einen Teil des Anlagekapitals in Pferdewetten einsetzte, um mit den Gewinnen die fälligen Zinszahlungen sowie den Aufbau des eigenen Rennstalls zu finanzieren. So versprach er den Anlegern in einer groß aufgezogenen Werbekampagne, ihre Einlagen in einer Laufzeit von nur zwei Monaten zu 100 Prozent zu verzinsen, was einem Jahreszins von 600 Prozent entsprach. Die ersten Anleger waren nur zögerlich bereit, ihr Geld in sein Unternehmen zu investieren. Als dann aber pünktlich auf den Tag genau die Zinsgewinne ausgezahlt wurden, sprach sich das sehr schnell herum. Da es nirgendwo eine höhere Rendite zu erzielen gab, strömten nun die Geldanleger aus allen Kreisen der Bevölkerung in das 1920 eröffnete Büro der »Max Klante & Co. G.m.b.H«.

Nach einigen Monaten standen Klante Millionenbeträge zur Verfügung, so dass er seine Pläne umsetzen konnte. Der neu eröffnete Rennstall kaufte erstklassige Pferde und verpflichtete die erfolgreichsten Jockeis. Nur einige Monate später waren beim Großen Preis von Berlin, dem jährlichen Haupttrennereignis in Hoppegarten, erstmals die Farben des neuen Rennstalls zu sehen. Gleichzeitig erfolgte die Eröffnung des ersten Klante-Wettbüros in der Friedrichstraße, dem weitere Filialen folgen sollten.

Anfangs funktionierte Klantes Konzept. Die mit dem Geld der Anleger erzielten Wettgewinne, waren immerhin höher als die Verluste, und so konnten auch in der Folgezeit alle Zinszahlungen an die Anleger pünktlich geleistet werden. Sein Name wurde zu einem Begriff in Berlin und alles sprach anerkennend über die märchenhafte Karriere des »Volksbeglückers«, der es geschafft hatte, innerhalb weniger Monate von einem erfolglosen Fotografen zum erfolgreichen Geschäftsmann mit eigenem Rennstall, mehreren Autos sowie Villen in Karlshorst und auf Schwanenwerder aufzusteigen. Mit einem rauschenden Fest wurde auch die Eröffnung seines Caféhauses an der Großen Frankfurter Straße gefeiert. Waren Klantes Jockeis erfolgreich, wurde hier anschließend gefeiert, und wenn der Chef persönlich auftauchte, intonierte die Kapelle den eigens für ihn komponierten »Max-Klante-Marsch«. Bald aber zeigten sich erste Risse. Die Anlegerzahlen stagnierten, wenn auch auf hohem Niveau. Die Katastrophe nahte, als zwei Konkurrenzunternehmen, die sein System kopiert hatten, innerhalb einer Woche pleitegingen. Die Anleger wollten ihr Geld zurück. So bildeten sich täglich lange Schlangen vor dem Konzern-Büro. Klante zahlte und zahlte. Als die Kassen leer waren, stürzten sich die Gläubiger auf Klantes Immobilienvermögen – ohne Erfolg, da alle Gebäude sowie Grundstücke mit hohen Hypotheken belastet waren.

Als chronisch Lungenkranker wollte Max Klante in ein Sanatorium außerhalb Berlins flüchten. Aber die Polizei kam ihm zuvor. Der Moabiter Prozess wirkte auf 80.000 Kapitalanleger, die nicht rechtzeitig genug ihr Geld zurückverlangt hatten, ernüchternd. Die Forderungen von fast 100 Millionen Mark konnten nicht gedeckt werden.

Nach Verbüßung einer dreijährigen Gefängnisstrafe war Klante auf den Berliner Rennbahnen nicht mehr zu sehen. Sie hatten ein lebenslanges Hausverbot gegen ihn verhängt. Mit Mitte sechzig öffnete er den Gashahn seiner winzigen Wohnung nah dem Alexanderplatz und setzte seinem Leben ein Ende.

Wir kehren zur Ehrlichstraße zurück, gehen nach links, um dann bald rechts in die Lehndorffstraße einzubiegen. In Nummer 16 lebte der August Stramm (1874-1915), einer der Dichter des deutschen Expressionismus. Stramm war Postsekretär und arbeitete ab 1897 im Seepostdienst zwischen Deutschland und den USA. Er experimentierte mit der Sprache und es entstanden Gedichte, die für den Expressionismus wegweisend wurden. Die zerhackten Rhythmen seiner Sprachmontagen sowie die Satz- und Wortfetzen in den Gedichten machten sein Werk unverwechselbar, wie das Gedicht »Freudenhaus« zeigt:

»Lichte dirnen aus den Fenstern
die Seuche
spreitet an der Tür
und bietet Weiberstöhnen aus!«

Bei Kriegsbeginn 1914 kam Stramm als Kriegsfreiwilliger erst nach Frankreich und später an die Ostfront, wo er am 1. September 1915 bei einem Angriff auf russische Stellungen fiel.

Karlshorst, Trabrennbahn, Wetthalle, 1962

Bald mündet die Lehndorffstraße in einen kleinen Platz an der Wandlitzstraße. In der Mitte des Platzes eine prachtvolle Linde, dahinter ein 2005 neu aufgestellter Gedenkstein: »Am 25. Mai 1895 wurde die Kolonie Karlshorst gegründet. Die Häuser Nr. 3, 7, 8 und 10 der Lehndorffstraße sind die ältesten erhaltenen Wohngebäude.« Es war geplant, vorrangig kleinere, kostengünstige Eigenheime zu bauen, die auch einkommensschwachen Familien Wohnraum bieten sollten. Das Projekt wurde von Kaiser Wilhelm II. und seiner Gemahlin Auguste Viktoria unterstützt. Als sichtbares Zeichen stifteten sie die ersten drei Häuser der Kolonie, die dann »drei bedürftigen Familien aus Friedrichsfelde« zur Verfügung gestellt wurden. Diese einstöckigen Häuser flankierten den Platz und wurden 1943 bei einem Luftangriff total zerstört. Die auf dem Gedenkstein erwähnten Gebäude vermitteln eine gute Vorstellung der frühen Bebauungsphase der Kolonie unter Oscar Gregorovius. Sie entsprechen noch einem Modellhaus-Entwurf von 1891 für »unbemittelte Veteranen«, mit zwei Zimmern, Küche und ausgebautem Dachgeschoss. Etwas später dachten die Planer nicht mehr vorrangig an bedürftige Kunden, sondern bauten größere Landhäuser und Villen für ein kapitalkräftiges

Publikum, wie auch einem Verkaufsprospekt der »Heimstätten AG« aus dem Jahr 1911 zu entnehmen ist: »Im Osten von Berlin, dicht an den ausgedehnten Waldungen des Köpenicker Forstes und 20 Minuten von der Spree entfernt, liegt die Villenkolonie Karlshorst; ganz nahe befindet sich die bekannte Rennbahn. Die Bahnfahrt vom Schlesischen Bahnhof beträgt 15 Minuten im Vorortverkehr. Fahrpreis III. Klasse 10 Pf., II. Klasse 15 Pf. 68 Stadtbahnzüge sowohl für die Hinals auch für die Rückfahrt vermitteln täglich den Verkehr. Die noch verkäuflichen Baustellen liegen etwa 10 Minuten vom Bahnhofe entfernt. Eine evangelische Kirche ist im vergangenen Jahre fertiggestellt und eingeweiht worden. Elementarschule und Gelegenheit zu guten Privatstunden sind vorhanden. 4 Ärzte praktizieren in der Kolonie, die Gas, Wasserleitung, elektrische Beleuchtung und Kanalisation besitzt. Karlshorst ist wohl der bevorzugteste Villenort des Ostens.«

Ein Quadratmeter Karlshorst ist im Prospekt mit »12,75 Mark, einschließlich Kanalisationsbeiträge« angegeben.

Wir folgen der Wandlitzstraße nach links, um danach in die Überseestraße einzubiegen. Eine schöne Wohngegend, spätestens die prächtige Villa Nr. 13, mit einem (künstlichen) Schwein im Garten, erklärt die Bezeichnung »Dahlem des Ostens«. Inzwischen hatte sich nicht nur das Wohnumfeld, die Häuser und die Bewohnerschaft verändert, auch die herkömmliche Schreibweise des Namens – 1901 war aus Carlshorst Karlshorst geworden. Ein Jahr darauf war auch der S-Bahnanschluss fertig, und für die Besucher aus Cöpenick und Berlin war es nun noch einfacher, zu den Renntagen nach Karlshorst zu kommen.

Bis zum Juli 1914 herrschte reger Rennbetrieb, was sich aber mit dem Ausbruch des Ersten Weltkrieges schlagartig änderte, da nur noch wenige Rennen stattfanden. Nach Kriegsende ging es dann wieder aufwärts und der Rennbetrieb erreichte schnell die zuvor gewohnten Zuschauerzahlen. Auch die Umsätze am Totalisator stiegen entsprechend an. Eine Zeitzeugin erinnert sich an ihre Jugendzeit in den zwanziger Jahren: »Mit dem Hund sind wir immer spazieren gegangen, manchmal an der Karlshorster Trabrennbahn vorbei. Das sehe ich heute noch, wie der Herr von Treskow mit seinem zweirädrigen Wagen vorfuhr, wenn morgens trainiert wurde. Da ging er dann und hat die Pferde kontrolliert. Herrlich – die Rennbahn war ein Gedicht. Vor der Hitlerzeit gingen wir auf die Rennbahn, wie zu einer Modenschau. Wenn Rennen waren, dann kamen die vornehmen Leute, (...) die fuhren bis zum Kaiserpavillon mit Pferdekutschen. Und dann kamen die vornehmen Damen mit ihren großen Hüten.«

Am Ende der Überseestraße geht es rechts in den Traberweg und nach wenigen Schritten links in die Liepnitzstraße. Auf der gegenüberliegenden Seite zeigt sich der Seepark – allerdings ohne See. Der Park entstand in den Jahren vor dem Ersten Weltkrieg. Mit dem Wasser der Rohrlake wurde ein kleiner See aufgestaut, der im Winter den Karlshorstern als Eisbahn diente. Durch die Absenkung des Grundwasserspiegels trocknete er nach und nach aus und wurde um 1950 mit Trümmerschutt zugeschüttet.

Am Ende der Straße biegen wir rechts in den Hegemeisterweg ein und nach wenigen Metern links in den Drosselweg. Wir befinden uns nun in der von Peter Behrens (1869-1940) geplanten Waldsiedlung. Er hatte die »Gartenstadt Lichtenberg bei Berlin« mit 500 Wohnungen bereits 1915 geplant. 100 Wohnungen sollten in Mehrfamilienhäusern entstehen, 400 in Einfamilienhäusern. Gebaut wurde am Rand der Wuhlheide aber erst ab 1919, und das auch nicht in der Größenordnung, die ursprünglich vorgesehen war. Die Folgen des Ersten Weltkrieges reduzierten die Wohnraumplanung auf 117 Wohnungen, die sich im Bereich Hegemeisterweg, Drosselstieg, Gleyeweg und Fuchsbau befinden. Der Vorgabe entsprechend, »preiswert zu bauen«, entstanden die Häuser auf kleinen Grundstücken, als Putzbauten mit Ziegeldächern unter Einsatz von Kalkstein, Klinker und farbigem Sichtputz. Auf aufwendigen Bauschmuck wurde verzichtet; einheitliche Fenster und Türen in allen Bauten sollten helfen die Kosten niedrig zu halten.

Peter Behrens begann seine berufliche Laufbahn als Maler, Designer und Typograf und wurde dann zum erfolgreichen Industriearchitekten. In seinem Büro arbeiteten die später berühmten Architekten Le Corbusier, Walter Gropius und Ludwig Mies van der Rohe.

Der Drosselweg erinnert an den »Hüsung«, die kleine Wohnstraße hinter der Britzer Hufeisensiedlung. Dort ist die Mittelinsel als eine Art Dorfanger idyllisch gestaltet, hier ist sie leider dem »Goldenen Kalb« – Auto – vorbehalten, was den Eindruck trübt. Von hier geht es links in den Gleyeweg, der nach dem Lichtenberger Stadtbaurat Rudolf Gleye benannt wurde, der die Entwürfe von Behrens hier in Karlshorst umsetzte. Der Weg mündet in die Oskarstraße, die wir überqueren, um dann geradeaus einem kleinen Waldweg zu folgen. Wir biegen nicht in den asphaltierten Hegemeisterweg ein, sondern bleiben weiter auf dem Waldweg. Er führt uns zum Hohen Waldgraben. Dort geht es geradeaus auf einem angelegten Parkweg weiter. Am Ende führen einige Stufen aufwärts und wir haben wieder die Lehndorffstraße erreicht, der wir nach rechts folgen. Sie führt zur Eginhardstraße, von der wir nach einigen Schritten rechts in den Traberweg einbiegen. Wir müssen nun auf die andere Seite der stark befahrenen Treskowallee. Dort sicher angekommen, gehen wir nach links, um bei der ersten Gelegenheit durch ein meist geöffnetes Tor auf die Trabrennbahn zu gelangen. Sollte das Tor geschlossen sein, erreichen wir etwas später den Haupteingang.

Wir gehen in Richtung der Tribüne, um einen Blick auf die Bahn zu werfen. Nur noch wenig erinnert an den Glanz der frühen Tage. Die Bauten wilhelminischer Zeit sind verschwunden und durch weniger aufwändige Zweckbauten ersetzt worden. Nah der Bahn wurde 1925 ein Denkmal des Bildhauers Willibald Fritsch aufgestellt, das an die 139 Herren- und 22 Berufsreiter erinnert, die im Ersten Weltkrieg gefallen sind. Reichspräsident Paul von Hindenburg enthüllte persönlich das Reiterdenkmal. In der Nähe ist auch ein Gedenkstein für ein Rennpferd zu entdecken. »König Midas« war das erfolgreichste Hindernis-Rennpferd der zwanziger Jahre.

Großes Aufsehen erregte im Oktober 1932 das erste »Damen-Rennen«. Karlshorst war die erste Berliner Rennbahn, die Frauen aktiv im Rennbetrieb zuließ – allerdings nicht gemeinsam mit den Männern. Die Damen durften separat in »Propaganda-Rennen« starten.

Der Zweite Weltkrieg beendete die Geschichte der Karlshorster Hindernisrennen, aber nicht die des Rennsports. Schon kurz nach Kriegsende ließ Nikolai Bersarin, erster Stadtkommandant und Chef der Sowjetischen Garnison in Berlin, den Pferderennsport wieder aufleben. Da er selbst ein begeisterter Anhänger des Trabrennsports war, ließ er die Rennbahn entsprechend umbauen, so dass sieben Wochen nach Unterzeichnung der Kapitulationsurkunde in Karlshorst das erste Trabrennen vor über 30.000 Zuschauern stattfand.

In der DDR entwickelte sich die Bahn in Karlshorst zum Trainings- und Leistungszentrum des Traber-Sports. Es gab neben 17 volkseigenen auch fünf private Ställe für rund 480 Pferde. Gerhard Hamann, ehemaliger Berufsfahrer, machte sich 1960 als Traber-Trainer selbstständig. Er berichtete in den »Lebenserinnerungen Karlshorster Bürger«: »Als ich anfing, gab es noch sieben Privattrainer. Nach dem Mauerbau waren nur noch drei übrig. In der damaligen DDR hat man uns das Leben schwer gemacht, weil die volkseigenen Gestüte und Ställe in der Übermacht waren. Wir wurden immer benachteiligt. Hafer und Kleie bekamen wir nur als Zuteilung. Heu und Stroh mussten wir uns selbst beim Bauern besorgen, was mitunter nicht einfach war. Und das alles ohne Auto. Bei internationalen Rennen hatten wir Startverbot, denn wir hätten ja vielleicht gewinnen können.« 1985 wurde die Bahn rekonstruiert und dabei internationalen Maßstäben angepasst. Auch heute finden auf der Karlshorster Bahn regelmäßig Trabrennen statt.

Von der Tribüne aus laufen wir, vorbei am Reiterdenkmal, zum Haupteingang nahe dem S-Bahnhof. Sollten ihre Füße bereits etwas müde sein, gibt es zwei Möglichkeiten. Entweder Sie unterbrechen

F. Perk gewinnt mit Stella magis den »Großen Preis der DDR«, 1957

den Spaziergang und setzen ihn bei nächster Gelegenheit fort, oder sie kürzen die Route etwas ab. In diesem Fall empfehle ich mit einem Fahrschein zum Kurzstreckentarif in den Autobus 296 zu steigen (Haltestelle neben dem Bahnhof) und drei Stationen in Richtung »S/U-Bhf. Lichtenberg« zu fahren. An der Haltestelle Museum Karlshorst verlassen Sie dann den Bus.

Sonst geht es wie bisher per pedes weiter. Das Gebäude hinter dem Bahnhof (neben dem Taxistand) hat eine besondere Geschichte. Die Sowjetische Militäradministration in Deutschland (SMAD) ließ 1948/49 das »Haus der Offiziere« im neoklassizistischen Stil als Kulturhaus errichten. Da bis 1964 nur sowjetische Militärangehörige sowie Zivilangestellte mit ihren Familien Zutritt hatten, sprachen die Karlshorster stets von der »Russen-Oper«. Die Sowjetarmee nutzte den Bau bis zum Abzug der Streitkräfte 1994. Danach war es einige Jahre das »Theater des Ostens«, dann wurde kräftig renoviert und am 1. April 2000 als privates »Theater Karlshorst« wieder eröffnet.

Von der Treskowallee biegen wir rechts in die Rheinsteinstraße ein, die uns zum Museum Karlshorst führt, wo am 8. Mai 1945 Weltgeschichte geschrieben wurde. Die Vorgeschichte begann mit Hitlers Selbsttötung in der Reichskanzlei. Zuvor hatte er Großadmiral Karl Dönitz als seinen Nachfolger bestimmt, der nun »geschäftsführend« die Regierungsgeschäfte übernahm. Dönitz beauftragte daraufhin Generaloberst Jodl mit den Vorverhandlungen über eine militärische Kapitulation im Hauptquartier des Obersten Befehlshabers der Alliierten Expeditionsstreitkräfte, General Dwight D. Eisenhower, in

Reims. Am nächsten Tag unterzeichnete Jodl im Namen des Oberkommandos der Wehrmacht die deutsche Kapitulation beim Oberkommando der Westalliierten. Der Chef der sowjetischen Verbindungsmission beim Oberkommando, General Susloparow zeichnete die Urkunde gegen, machte aber den sowjetischen Vorbehalt der notwendigen Gesamtkapitulation geltend. Am 8. Mai meldete der Rundfunk, dass auf Geheiß von Dönitz das Oberkommando der Wehrmacht die bedingungslose Kapitulation erklärt hat.

Nach der Radiomeldung wurden Generalfeldmarschall Wilhelm Keitel sowie Generaloberst Stumpf (Luftwaffe) und Generaladmiral Hans-Georg von Friedeburg (Kriegsmarine) nach Berlin gebracht, um im Hauptquartier des Obersten Befehlshabers der Streitkräfte der UdSSR in Karlshorst die komplette Akte der bedingungslosen Kapitulation zu unterzeichnen. Unterzeichnungsort war das Offizierskasino der Festungspionierschule. Um Mitternacht begann das letzte Kapitel des Zweiten Weltkriegs. Die Tische im Saal waren in E-Form aufgestellt. In der Mitte nahm Marschall Schukow Platz. Daneben der britische Marschall Arthur Tedder, der stellvertretende sowjetische Außenminister Vischinskij, der oberste Marinekommandant der Alliierten Admiral Burroughs, der Oberbefehlshaber der Strategischen Luftstreitkräfte der USA, General Spaatz sowie General de Lattre de Tassigny von der Ersten Französischen Armee.

Es war sieben Minuten nach Mitternacht, also bereits der 9. Mai 1945, als Marschall Schukow den Text der Kapitulationsurkunde verlas. Anschließend gab er den Befehl, die deutsche Delegation hereinzuführen. Generalfeldmarschall Wilhelm Keitel unterzeichnete wenige Minuten später die Urkunde nur lapidar mit »Keitel« – der Krieg war nun auch offiziell beendet.

Der Ort der Unterzeichnung blieb weitgehend originalgetreu erhalten und bildete ab 1967 den Mittelpunkt des »Museums der bedingungslosen Kapitulation des faschistischen Deutschland im Großen Vaterländischen Krieg 1941-1945«. Der Name des von der sowjetischen Armee eingerichteten Museums entsprach dem Inhalt der Ausstellung – der stolze Sieger hält die Erinnerung an die zu Recht erfolgte Demütigung des Verlierers wach.

Nach der Wiedervereinigung und dem Abzug der sowjetischen Streitkräfte wurde das Museum entsprechend den deutsch-sowjetischen Vereinbarungen über den Abzug der sowjetischen Streitkräfte umgestaltet und nennt sich heute »Deutsch-Russisches Museum Berlin-Karlshorst«. Auf seiner Internetseite beschreibt sich das Museum: »Wir sind eine bisher einmalige bilaterale Einrichtung, die von der Bundesrepublik Deutschland und der Russischen Föderation getragen wird. Als einzi-

Unterzeichnung der Kapitulation, links: Shukow, am Tischende: Keitel, 9. Mai 1945

ges Museum in Deutschland erinnern wir mit einer Dauerausstellung an den Vernichtungskrieg gegen die Sowjetunion. Dieser Krieg zählt wie der Völkermord an den europäischen Juden und die Ermordung weiterer Bevölkerungsgruppen zu den großen Verbrechenskomplexen des Nationalsozialismus, denen durch planmäßige Vernichtung Millionen Menschen zum Opfer fielen.«

Im Verhältnis zur ursprünglichen Darstellung von 1967 hatte sich die 1995 eröffnete geänderte Ausstellung bereits stark verändert. 2012 war das Museum wieder für längere Zeit geschlossen und ein Schild am Gebäude verkündete: »Wir überarbeiten unsere Dauerausstellung für Sie! Das Museum bleibt aufgrund von Bauarbeiten bis April 2013 geschlossen.« Mehrfache »Überarbeitungen« von Dauerausstellungen mit politischem Hintergrund sind natürlich immer problematisch – ein befragter Karlshorster sprach sogar von »weichspülen«.

Nun müssen wir wieder die Rheinsteinstraße zurück bis zur Weseler Straße, in die wir nach rechts abbiegen, um wenig später die Evangelische Kirche »Zur frohen Botschaft« zu erreichen.

Der 8. Mai brachte für viele Karlshorster nicht nur das lang herbeigesehnte Ende des Krieges, sondern auch zusätzliche Probleme. Schon drei Tage zuvor fuhren Lautsprecherwagen durch den Ortsteil und forderten die Bewohner auf, innerhalb von 24 Stunden ihre Wohnungen und Häuser zu räumen. Karlshorst wurde sowjetische Garnisonstadt und damit zum größten Teil zum Sperrgebiet erklärt. Das gesamte Wohngebiet nördlich der Bahnlinie, zu beiden Seiten der

Treskowallee, wurde komplett abgeriegelt und war nur mit Passierschein zu betreten. Nicht davon betroffen waren Teile des Wagner- und Heimatviertels sowie die Waldsiedlung Wuhlheide und angrenzende Laubenkolonien. Mitnehmen konnten die betroffenen Familien nur das, was sie tragen konnten oder was in einen Kinderwagen passte; Möbel und Hausrat mussten zurückbleiben.

In den ersten Jahren bestand das »Klein Moskau« genannte Sperrgebiet aus zwei Teilen, die von der Treskowallee getrennt waren und auf der bald wieder die Straßenbahn verkehrte. Die sowjetische Besatzungsmacht hatte die Einrichtung 1946 gefordert, um eine direkte Verbindung der inzwischen eingerichteten Karlshorster Dienststellen der Militäradministration mit denen in Köpenick-Wendenschloß herzustellen. Ab September 1946 verkehrte der sogenannte »Machorka-Expreß« zwischen einer extra eingerichteten Endhaltestelle in der Dönhoffstraße und der Köpenicker Wendenschloßstraße.

Im Dezember 1949 gab die SMAD den westlich der Straßenbahn gelegenen Teil des Sperrgebiets komplett auf, wie auch Teile des östlich gelegenen Gebiets. So konnte ein Teil der ehemaligen Bewohner in ihre Wohnungen und Häuser zurückkehren. Nach dem Mauerbau 1961 wurden weitere Bereiche des Sperrgebiets aufgehoben und ab 1964 waren nur noch kleine Gebiete für die Karlshorster unzugänglich.

Der querrechteckige Turmaufsatz der Kirche »Zur frohen Botschaft«, bekrönt von seinem spitzen Kupferhelm, überragt mit 56 Metern die Bauten aller benachbarten Häuser im »Rheinischen Viertel«, dessen Bebauung 1907 begann. Die evangelische Kirche wurde nach Plänen von Peter Jürgensen und Jürgen Bachmann gebaut und am 8. Mai 1910 feierlich eingeweiht. Nach den Entwürfen beider Architekten entstanden in der Stadt einige markante Bauten. Darunter auch das Rathaus Schöneberg, das als Sitz des Berliner Abgeordnetenhauses in den Jahren der Teilung über die Grenzen der Stadt bekannt wurde. Beide planten auch mehrere Kirchen, darunter die Taborkirche in Köpenick, die Markuskirche in Steglitz und – klein aber fein – die Waldkapelle im Köpenicker Ortsteil Hessenwinkel.

Glück und Unglück liegen manchmal dicht beieinander: 1931 wurde in dem aus roten Backsteinen gemauerten Gotteshaus, beim Aufräumen des Dachbodens, ein kostbares Gemälde von Lucas Cranach entdeckt: »Christus in Gethsemane«. Die Freude über den überraschenden Fund war groß, aber nicht von langer Dauer. Das Bild hatte den Krieg gut überstanden, aber nicht die darauf folgende Zeit. Mit der Einrichtung des Hauptquartiers der Sowjetischen Militäradministration befand sich auch die Kirche im Sperrgebiet. Sie wurde von den Sowjets entwidmet und als Lagerraum genutzt. Als zehn Jahre später, am 23. Mai 1955, die Gemeinde ihre Kirche zurück bekam, war das für die Gemeinde eine frohe Botschaft, was zu ihrem heutigen Namen »Zur frohen Botschaft« führte. Weniger froh war die Gemeinde aber über den Verlust des Cranach-Gemäldes, das bis heute verschollen ist.

Dafür besitzt die Kirche heute ein klingendes Juwel des preußischen Kulturerbes – die älteste erhaltene Orgel Berlins, mit einer bewegten Vergangenheit. 1755 wurde für Anna Amalia, Prinzessin von Preußen und jüngste Schwester Friedrichs II., in der Werkstatt des aus Siebenbürgen stammenden Orgelbauers Peter Migend (um 1700-1764) eine Orgel gebaut. Sie fand im Balkonzimmer des Berliner Schlosses Aufstellung. »Heute in 8 Tagen wird meine Orgel ganz fertig sein. Gerade wird sie gestimmt«, schrieb die Prinzessin am 8. Dezember 1755 in ihr Tagebuch. Wenig später heißt es: »Heute habe ich zum ersten Mal auf meiner Orgel gespielt (...) Die Orgel macht mir große Freude. Die Buben von der Straße sind nicht stehen geblieben um zu horchen, obwohl die Balkontüren offen waren.«

Die Prinzessin, die wie ihr Bruder musisch begabt war, hatte Flöte, Laute, Orgel, Geige sowie Komposition gelernt. Als sie 1757 das Haus Unter den Linden 7 (alte Zählung) bezog, wurde ihre Orgel dort neu aufgebaut. Ihr Haus, das sie meist im Winter bewohnte, entwickelte sich zum Treffpunkt von Musikern und Komponisten. Amalie, die Johann Sebastian Bach verehrte, war auch eine begeisterte Sammlerin. Ihre Noten- und Manuskriptsammlung, die sogenannte Amalienbibliothek, gehört heute zu den Schätzen der Berliner Staatsbibliothek. Über die von Amalie zu Lebzeiten streng gehütete Sammlung berichtete Carl Friedrich Zelter: »Prinzeß Amalie ließ mich einmal ihre Musikalien sehen, aber nur die Titel, durch das Glas der Schränke. Ein Werk nahm sie heraus, behielt es aber in Händen und ließ mich nur hineingucken. Da griff ich aber zu, um darin blättern zu können, und sie, erschrocken, machte Augen wie Wagenräder. Es waren die Augen ihres Bruders.«

Nach einem weiteren Umzug in ein von ihrem Bruder 1772 erworbenes Palais in der Wilhelmstraße (später Prinz Albrecht-Palais), ließ sie sich eine neue Orgel anfertigen. Als Anna Amalia starb, schenkte Ludwig Prinz von Preußen die erste Orgel, mittlerweile war sie nicht mehr in gut gepflegtem Zustand, dem Gutsbesitzer Otto von Voss für die Schlosskirche in Buch. Als diese um 1935 restauriert werden sollte, war der Ursprung der Orgel wohl in Vergessenheit geraten. Man stellte fest, dass sie in Art und Größe nicht für diesen Raum konzipiert war und sah sie als Fremdkörper an, der ersetzt werden sollte. Daraufhin erwarb der Gemeindekirchenrat von St. Marien und St. Nikolai in Berlin das Instrument als Zweit-Orgel für St. Nikolai.

1939 wurde das Instrument in Buch ausgebaut, was sie vor Zerstörung bewahrte – die Kirche brannte im Zweiten Weltkrieg aus. Der Krieg unterbrach die Restaurierung der Orgel. Um sie vor Fliegerbomben zu schützen, wurde sie im Keller der Berliner Münze eingelagert. Nach Kriegsende, die Orgel hatte den Krieg gut überstanden, die Nikolaikirche nicht, wurden alle Einzelteile des Instruments in die alte Sakristei von St. Marien gebracht. 1956 schenkte die Gemeinde die Orgel der Karlshorster Kirchengemeinde. Mit Spendengeldern gelang es endlich, die Orgel zu restaurieren und sie am 19. Juni 1960 feierlich einzuweihen.

Wir folgen der Bopparder Straße, die vom Eingang der Kirche auf die Treskowallee zuführt. An der Ecke versucht das »Café Trebo« Sie mit Kaffee, Kuchen oder Eis zu einer Pause zu verführen. Der Name steht für die hier aneinanderstoßenden Straßen – Treskowallee und Bopparder Straße. Die Inhaber hatten aber auch noch eine Anlehnung an die französische Sprache im Sinn, denn très beau bedeutet ja so viel wie »sehr schön«.

Von der Kreuzung gehen wir nach rechts bis zur Ampel, um die Treskowallee zu überqueren und dann der Marksburgstraße ein kleines Stück zu folgen. Danach geht es nach links in die Gundelfinger Straße, die zum sogenannten »Heimatviertel« gehört, dessen Bebauung nach Fertigstellung des »Prinzenviertels« begann. Wenig später stehen wir vor der katholischen Pfarrkirche St. Marien.

Der imposante Kirchenbau entstand 1936 nach Entwurf des Leipziger Architekten Clemens Lohmer. Bis dahin traf sich die Gemeinde zu ihren Gottesdiensten in der viel zu kleinen Kapelle des Pfarrhauses. Erster Seelsorger der Gemeinde von Karlshorst-Friedrichsfelde war von 1906 bis 1910 Bernhard Lichtenberg, der spätere Dompropst. Eine Gedenktafel am Eingang des Gemeindehauses erinnert an den mutigen Hitlergegner, der nach seiner Festnahme erst in Plötzensee, dann in Moabit und Tegel inhaftiert war. 1943 erfolgte seine Verlegung als »Schutzgefangener« in das »Arbeitserziehungslager Wuhlheide 2«, nicht weit von der Gemeinde – die er einst betreute – entfernt, im Schlosspark der Treskows, dem heutigen Tierpark Friedrichsfelde. Mittlerweile todkrank von den Strapazen, verstarb Lichtenberg am 5. November 1943 auf dem Transport nach Dachau.

Auch St. Marien befand sich im »Sperrgebiet«, wurde von den Sowjets besetzt, als Kohlenlager und Möbelspeicher genutzt und war bei der Rückgabe 1950 im Inneren total verwüstet.

Hinter der Pfarrkirche biegen wir rechts in die Dorotheastraße ein und achten auf das Wohnhaus Nr. 24. Die Wohngegend ist ruhig, angenehm, vielleicht ein bisschen bieder. Auch das Wohnhaus macht einen gutbürgerlichen Eindruck. Man mag kaum glauben, dass hier ein mehrfacher Frauenmörder mit seiner Familie gelebt hat, der seine Opfer zuvor auf die brutalste Art und Weise vergewaltigt hatte – der S-Bahn-Mörder Paul Ogorzow. Zwischen 1940 und 1941 wurden die Berliner Frauen immer wieder in Angst und Schrecken versetzt. Der Täter war im Osten der Stadt, meist in den Laubenkolonien zwischen Karlshorst, Friedrichsfelde und Rummelsburg unterwegs. Es war Krieg und die Stadt wegen der Gefahr von Bombenangriffen des Nachts verdunkelt. Die Opfer, die der Täter im Schutz der Dunkelheit überfiel, waren zumeist Frauen, die im Schichtdienst in den Rüstungsbetrieben arbeiteten.

Ab November 1940 änderte der Täter sein bisheriges Verhalten und überfiel die Frauen nun in der nächtlichen S-Bahn. Eine Frau, die der Täter nach der Vergewaltigung aus der fahrenden S-Bahn stieß, überlebte den Sturz und konnte der Polizei einen ersten Hinweis auf den Täter geben – der Mann soll eine Eisenbahneruniform getragen haben. Obwohl die Polizei, gemeinsam mit der Bahnpolizei, die Kontrollen verstärkte, wollte sich kein Fahndungserfolg einstellen. Auch ein von der NSDAP angebotener Begleitschutz für alleinreisende Frauen konnte die Verbrechensserie nicht stoppen, zumal sich später herausstellte, dass der Täter, ein Parteigenosse, sich selbst als schützender Begleiter anbot.

Letztlich half der Zufall. Ein Reichsbahner hatte beobachtet, wie der Hilfsweichensteller Paul Ogorzow, der im Stellwerk VnK an der Zobtener Straße seinen Dienst versah, über einen Zaun kletterte und im angrenzenden Laubengelände verschwand. Er rief die Polizei, die Ogorzow festnahm. Ogorzow verwickelte sich in Widersprüche, die ihn letztlich als den gesuchten Täter überführten. Sechs versuchte und acht vollendete Morde konnten ihm nachgewiesen werden. Den Ermittlungen folgte, wie in dieser Zeit üblich, ein kurzer Prozess, an dessen Ende Paul Ogorzow am 24. Juli 1941 vom Sondergericht III des Landgerichtes Berlin, zum Tod verurteilt wurde. Am Tag danach wurde er in Plötzensee geköpft.

Wir setzen unseren Weg durch die Dorotheastraße fort. Am Abzweig der Friedrichsteiner Straße gab es einmal die »Krähenberge«, die zu einer eiszeitlichen Hügelkette gehörten. Man kann nicht sagen, dass sie in den Himmel ragten; waren aber immerhin zwischen 32 und 39 Meter hoch. Sie fielen dem Wachstum der Gemeinde zum Opfer und wurden im Frühjahr 1900 kurzerhand mit Schaufel und Picke abgetragen. Anschließend konnte ebenerdig die Bebauung der Dorotheastraße fortgesetzt werden. Was passierte mit dem Erdreich der Krähenberge? Es wurde genutzt, um den Bahndamm der Niederschlesisch-Märkischen Bahn zu erhöhen. An Stelle der Bahnschranke, die bis dahin den Verkehr auf der Treskowallee behinderte, konnte nun eine Brücke gebaut werden.

Wir biegen in die Friedrichsteiner Straße ein, die uns zur Dönhoffstraße führt. Dort geht es nach links. Eine Tafel am Haus Nr. 11 erinnert an eine außerordentlich erfolgreiche Schriftstellerin, deren Bücher kaum einer gelesen haben will, die aber von Hunderttausenden gekauft und verschlungen wurden – Hedwig Courths-Mahler. Seit 1905 lebte sie in Karlshorst in der Dönhoffstraße 11. In den folgenden neun Jahren schrieb sie einundzwanzig »Herz-Schmerz-Romane«. 1914 hat sie es geschafft. sie ist nun eine der meistgelesenen deutschen Autorinnen; die Familie zieht nach Berlin in die Charlottenburger Knesebeckstraße, in den Neuen Westen der Hauptstadt (vgl. auch S. 92ff.).

Die Dönhoffstraße führt uns wieder zurück zum S-Bahnhof Karlshorst. Wer sich vor der Rückfahrt das Ende des Spaziergangs noch versüßen möchte, dem sei das Café und Restaurant »Rübchen« auf der linken Straßenseite empfohlen

Literaturnachweis

Gesundbrunnen
Bezirksamt Wedding von Berlin (Hg.): Wedding. Stadt in der Stadt; Berlin 1973
Binger, L.; u.s.: Bei uns an der Plumpe – Das Lebensmilieu am Bahnhof Gesundbrunnen. In: Die Berliner S-Bahn (Ausstellungskatalog der NGBK); Berlin 1982
Bellermann, Christian Friedrich: Die St. Paulsgemeinde vor Berlin; Berlin 1836
Benjamin, Georg: Über Ledigenheime; Berlin 1923
Berliner Geschichtswerkstatt e. V. (Hg.): Der Wedding – hart an der Grenze; Berlin 1987
Buttmann, Ph.: Die St. Paulsgemeinde zu Berlin – Zur Jubelfeier des 50jährigen Bestehens der Gemeinde; Berlin 1885
Dronke, Ernst: Berlin; Berlin 1987
Fontane, Theodor: Wanderungen durch die Mark Brandenburg; Frankfurt/Berlin/Wien 1974
Frommhold, Erhard: Otto Nagel – Zeit, Leben, Werk; Berlin 1947
Huhn, Dieter: Neunundneunzig Berliner Spaziergänge; Berlin 1997
Komander, Gerhild: Der Wedding. Auf dem Weg von Rot nach Bunt; Berlin 2006
Müller, Bernhard (Hg): Wedding. Wege zu Geschichte und Alltag eines Berliner Arbeiterbezirkes; Berlin 1990
Oertzen, Christine v.; u.a.: Boulevard Badstraße. Großstadtgeschichte im Berliner Norden; Berlin 1993
Pomplun, Kurt: Pomplun's grosses Berlin-Buch; Berlin 1985
Schmiedecke, Ralf: Berlin-Wedding. Neue Bilder aus alter Zeit; Erfurt 2005
Simon, Christian: 750 Jahre Wedding. Eine Chronik; Berlin 2001

Friedrichshain
Abraham, Heike: Friedrichshainer Unternehmer und Unternehmen 1843 bis 1945. Einblicke in die Industriegeschichte; Berlin 1993
Architekten- und Ingenieurverein zu Berlin (Hg.): Berlin und seine Bauten; Berlin 1896
ASUM – Arbeitsgruppe für Sozialplanung und Mieterberatung: Bewegte Zeiten. Friedrichshain zwischen 1920 und heute; Berlin 2000
BEHALA (Hg.): 50 Jahre Hafenstadt Berlin; Berlin 1964
BEHALA (Hg.): 75 Jahre BEHALA, 75 Jahre Westhafen; Berlin 1998
BEHALA (Hg.): 80 Jahre BEHALA – zwischen damals und heute; Berlin 2003
Berliner Geschichtswerkstatt (Hg.): Landgang in Berlin, Stadtgeschichte an Landwehrkanal und Spree; Berlin 1987
Berliner Geschichtswerkstatt (Hg.): Vom Oberbaum zum Unterbaum, s.o.; Berlin 1991
BEWAG (Hg.): 100 Jahre Strom für Berlin. Ein Streifzug durch unsere Geschichte in Wort und Bild 1884-1984; Berlin 1984
Bezirksamt Treptow von Berlin (Hg.): Die verhinderte Weltausstellung, Beiträge zur Berliner Gewerbeausstellung 1896; Berlin 1996
Borgelt, Christiane; u.a.: Die neuen Architekturführer. Band 7; Berlin 2007
Conradt, Gerd: An der Spree, Der Fluss Die Menschen; Berlin 2005
Feustel, Jan: Verschwundenes Friedrichshain. Bauten und Denkmale im Berliner Osten; Berlin 2001
Feustel, Jan: Wilhelminisches Lächeln. Bauten von Hoffmann und Messel in Friedrichshain; Berlin 1994
Götze, Heinz: 398 Kilometer Spree, Von den Quellen in der Oberlausitz bis zur Mündung in Spandau; Berlin 1993
Groggert, Kurt: Personenschiffahrt auf Spree und Havel; Berlin 1988
Groggert, Kurt: Spreefahrt tut not! Berliner auf dem richtigen Dampfer; Berlin 1972
Heilborn, Adolf: Reise nach Berlin; Berlin 1925
Hofmeister, Burkhard; u.a. (Hg.): Exkursionen durch Berlin und sein Umland; Berlin 1992
Huret, Jules: Berlin um Neunzehnhundert; Berlin 1979
Huret, Jules: Berlin wie ich es sah, Reisebilder von der Jahrhundertwende; Berlin 1999

Keil, Hans (Hg.); Roth, Hermann: Arbeiter machen Geschichte – Geschichte des VEB Narva »Rosa Luxemburg« BGW; Berlin 1980
Korff, Gottfried; u.a. (Hg.): Berlin, Berlin. Katalog zur Ausstellung zur Geschichte der Stadt; Berlin 1987
Krause, Friedrich: Der Osthafen zu Berlin; Berlin 1913
Landesdenkmalamt Berlin (Hg.): Baudenkmale in Berlin; Berlin 1996
Liewald, Horst: Das BGW. Zur Betriebsgeschichte von NARVA; Berlin 2004
Nalli-Rutenberg, Agathe: Das alte Berlin; Berlin 1912
Raach, Jörg: Industriekultur in Berlin. Die 115 wichtigsten Bauten des Industriezeitalters; Berlin 2008
Steer, Christine: Rummelsburg mit der Victoriastadt; Berlin 2010
Strunk, Peter: Die AEG – Aufstieg und Niedergang einer Industrielegende; Berlin 2000
Uhlemann, Hans-Joachim: Berlin und die Märkischen Wasserstraßen; Berlin 1994
Wasserstadt GmbH (Hg.): Wasser in der Stadt; Berlin 2000
Weinland, Martina: Wasserbrücken in Berlin, Zur Geschichte ihres Dekors; Berlin 1994
Wiebel, Martin: East Side Story. Biographie eines Berliner Stadtteils; Berlin 2004
Wolff, K.; Heerwagen, D.: Entdeckungen links und rechts der Spree; Berlin 1997
Wolters, Rita (Hg.): Den Frauen nach, Ein Spaziergang am Landwehrkanal; Berlin 2000

Prenzlauer Berg
Behrend, Otto; u.a.: Auf dem Prenzlauer Berg. Beiträge zur Heimatkunde des Bezirks IV Berlin; Berlin 1928
Bezirksamt Pankow von Berlin (Hg.): Hopfen & Malz. Geschichte und Perspektiven der Brauereistandorte im
Berliner Nordosten; Berlin 2005
Berliner Morgenpost vom 4.7.2012
Bezirksamt Prenzlauer Berg von Berlin (Hg.): Prenzlauer Berg Straßen und Plätze. Mit der Geschichte leben; Berlin 1991
Der Tagesspiegel vom19.10.2002
Der Tagesspiegel vom15.7.2012
Feustel, Jan: Spaziergänge in Friedrichshain; Berlin 1994
Hörisch, Malwine; u.a.: Prenzlauer Berg. Kunstspaziergänge; Berlin 2000
Neues Deutschland vom 14 5.2010

Charlottenburg
BZ vom 15.4.2008
Eckelt, Werner: Requiem auf West-Berlin, Bilder aus einer verlorenen Zeit; Berlin 2000
Fritze, A.: Architektur Künstlerhaus St. Lukas, Fasanenstraße (11) 13, Berlin Charlottenburg; (unveröffentlichtes Manuskript) Berlin
Hildebrandt, Louise u. Richard: unveröffentlichte Tagebuchaufzeichnungen 1910-1911
Höcker, Karla: Die letzten und die ersten Tage – Berliner Aufzeichnungen 1945; Berlin 1966
Kruse, Käthe: Das große Puppenspiel, Mein Leben; Duisburg 1992
Kruse, Max: Die versunkene Zeit, Bilder einer Kindheit im Käthe Kruse Haus; Stuttgart 1983
Kruse, Max: Die behütete Zeit, Eine Jugend im Käthe-Kruse-Haus; Stuttgart 1993
Kruse, Max: Ein Lausejunge aus gutem Haus, Kindheit im alten Berlin; Freiburg 1983
Martins, Norbert: Giebelphantasien. Berliner Wandbilder; Berlin 1989
Rave, Paul Ortwin; u.a.: Die Bauwerke und Kunstdenkmäler von Berlin, Stadt und Bezirk Charlottenburg; Berlin 1961
Sehring, Bernhard: Künstlerhaus zum St. Lucas, in: Baugewerkszeitung; 23. Jg. 1891; Berlin
Stahl, Fritz: Max Kruse; Berlin 1924
Steinmann, Carl-Peter: Von Karl May zu Helmut Newton.; Berlin 2006
Der Tagesspiegel vom 12.11.2011 und 14.11.1022
Wuthe, Stephan: Swingtime in Deutschland; Berlin 2012

Grunewald
Arbeitskreis Geschichte (Hg.): Grunewald – zur Geschichte einer Villenkolonie; Berlin 2002
Fries, Heinrich de: Moderne Villen und Landhäuser; Berlin 1925
Frisch, Helga: Die Villenkolonie Grunewald – Häuser und Leute damals und heute; Berlin 1990
Gläser, Helga; Metzger, Karl-Heinz: 100 Jahre Villenkolonie Grunewald 1889-1989; Berlin 1988
Grunewald-Echo (Kohut, Oswald): Als der Grunewald eines Tages als Villenkolonie erwachte; Berlin 1929
Jäger, Gabriele: Wilmersdorfer Portraits; Berlin
Kersten, Klaus Martin: Berliner Prominentenlexikon. Ein Adressbuch; Berlin 2005
Senatsverwaltung für Stadtentwicklung und Umweltschutz, Berlin (Hg.): Baudenkmale in Berlin. Bezirk Wilmersdorf, Ortsteil Grunewald; Berlin 1993
Karlshorst
Bezirksamt Lichtenberg von Berlin (Hg.): 100 Jahre Karlshorst. Geschichte einer Villen- und Landhaussiedlung; Berlin 1995
Bezirksamt Lichtenberg von Berlin (Hg.):Auf den Spuren der Vergangenheit. Lebenserinnerungen Karlshorster Bürger; Berlin 1995
Brenner, Klaus Theo: Berliner Stadtprojekte. Gartenstadt Karlshorst Wasserstadt Spindlersfeld; Berlin 2012
Daube, Jürgen: Die Post. Zur Geschichte der Post im Berliner Stadtteil Karlshorst; Berlin 2009
Edition Luisenstadt (Hg.): 100 Jahre Karlshorst; Berlin 1995
Keil, Hildburg: Karlshorst erzählt. Ein Lesebuch der Erinnerungen; Berlin 1999
Kultur in Lichtenberg (Hg.): Stadterkundungen in Berlin-Lichtenberg. Geschichte und Sehenswürdigkeiten; Berlin 2008
Kulturring in Berlin (Hg.): 110 Jahre Karlshorst. Streiflichter der Geschichte eines Berliner Ortsteils; Berlin 2005
Laschke, Michael: Die Baumeister. Die Architekten der Rennbahn Karlshorst; Berlin 2009
Maak, Fritz: Kurze Geschichte von Berlin Friedrichsfelde und Karlshorst; Leipzig 1917
Allgemein
Berliner Adressbuch; Berlin 1905-1943
Buchwald, Tom: Berlin. Vergewaltigte Stadt; Berlin 2005
Dreppenstedt, Hinnerk: u.a.: Ganz Berlin. Spaziergänge durch die Hauptstadt; Berlin 2001
Eloesser, Arthur: Die Straße meiner Jugend. Berliner Skizzen; Berlin 1987
Endell, August: Die Schönheit der großen Stadt; Stuttgart 1908
Geist, J. F., u.a.: Das Berliner Mietshaus 1862-1945; München 1984
Hessel, Franz: Ein Flaneur in Berlin; Berlin 1984
Kastan, Isidor: Berlin wie es war; Berlin 1919
Kerr, Alfred: Wo liegt Berlin? Briefe aus der Reichshauptstadt; Berlin 1997
Landesdenkmalamt Berlin: Denkmalschutz und Denkmalpflege in Berlin; Berlin 1994
Merget, August: Heimathskunde von Berlin und Umgebung; Berlin 1858
Morin, Friedrich: Berlin und Potsdam im Jahre 1860; Berlin 1860
Osborn, Max: Berlins Aufstieg zur Weltstadt; Berlin 1929
Presse- und Informationsamt des Landes Berlin (Hg.): Berlin Handbuch, Das Lexikon der Bundeshauptstadt; Berlin 1992
Ring, Max: Die deutsche Kaiserstadt Berlin und ihre Umgebung; Leipzig 1883
Schäche, Wolfgang: Architektur und Städtebau in Berlin zwischen 1933 und 1945; Berlin 1991
Thieme, Bernhard (Hg.): Berliner Biographisches Lexikon; Berlin 1992
Voß, Karl: Reiseführer für Literaturfreunde. Vom Alex bis zum Kudamm; Berlin 1980
Zedlitz, L. Freiherr von: Neuestes Conversations-Handbuch für Berlin und Potsdam; Berlin 1834

Bildnachweis

Archiv des Autors: S. 121 unten
Bundesarchiv, S. 38: Bild 102-11736 / Fotograf: Georg Pahl, S. 39: Bild 183-1987-0911-501, S. 129: Bild 183-A1108-0001-002 / Fotograf: Horst Sturm, S. 133: Bild 183-49122-0003 / Fotograf: Rudi Ulmer, S. 135: Bild 183-J0422-0600-002
Landesarchiv Berlin: S. 8, 11, 12, 13, 21, 23, 25, 30, 31, 32, 53, 77, 80, 81, 82, 83 (beide), 88, 89, 91, 92, 97, 98, 99, 105, 112, 113, 114, 117, 118, 120, 121 oben, 122
Wikimedia Commons: S. 17, 19, 35, 36, 44, 45, 49, 57, 58, 59, 61, 63, 66, 69, 71, 85, 94, 95, 103, 125, 126, 127

Carl-Peter Steinmann wurde 1946 in Lerbeck/Westfalen geboren und ist in Berlin aufgewachsen. Er lebt dort als Stadterzähler. Zuletzt erschien von ihm »Von Karl May zu Helmut Newton« (2006), »Im Fluss der Zeit« (vergriffen, 2008), »TatOrt Berlin« (2009) und »Sonntagsspaziergänge. Entdeckungen in Friedrichshagen, Kreuzberg, Mitte, Nikolassee, Schöneberg, Weissensee« (2011).